4訂版

風呂で覚える英単語

大浜健治 著

教学社

はしがき

英単語の学習方法は様々ありますが，最良なのは，単語に出会う回数を多くすることです。毎日の生活の中で生まれる3分，5分といった細切れの時間を利用しない手はありません。お風呂の時間さえ，単語の暗記に利用できるのです。湯船につかりながら，単語を声に出して発音していけば，まさに「楽勉」です。究極の「楽勉」をしてもらうために，水に強い特殊紙を使った本書を世に送り出してから，およそ30年になります。その間，高校生，受験生諸君のみならず，各種英語検定試験を受ける社会人の方々からも好評をもって受け入れられてきたのは，望外の喜びでした。

近年の入試では英字新聞や英文雑誌から経済・社会・健康関連記事が多く取り上げられ，難しめの単語も使われています。このたび，入試の傾向を考慮したうえで，重要度の高い単語を選定のうえ，例文や用例を充実させました。中学校の授業で習得できるような基本単語や，大学入試問題で見かけても重要度が低かったり，設問や内容理解にかかわらなかったりするような，受験生の頭に無駄な負担をかける単語は一切採用していません。

1日数回の細切れ時間で，同じ範囲を繰り返し暗記する方法をすすめます。まず覚えてほしいのは単語の意味であって，はじめからつづりを覚える必要はありません。単語・熟語の暗記については完璧を期さないほうが長続きします。

皆さんの健闘を祈ります。May your dream come true !

大浜健治

もくじ

凡　例

名：名詞	≒：類義語
動：動詞	⇒：派生語
形：形容詞	↔：対義語
副：副詞	参：参考語
前：前置詞	✓：解説・注意
接：接続詞	◇：イディオム・用例
発音：発音に注意	！意外：意外な意味
アク：アクセントに注意	！重要：重要な意味

本書の特長

いつでもどこでも勉強できる！

本書は，水をはじく特殊な紙を使用しています。軽くて耐久性があり，簡単には傷みません。お風呂に持ち込んでも，カバンに入れて常に持ち歩いても大丈夫。ちょっとした時間も有効に使えます。英単語学習は何よりも積み重ねが大切！　いつでもどこでも気軽に勉強できる本書が大いに効果を発揮します。

赤本から選んだ 1500 語

見出し語 1500 語は「赤本」から厳選した，長文読解や設問のカギとなる重要度の高い単語ばかりです。環境・医療・科学技術・経済・社会など，入試でねらわれるテーマにも配慮しています。受験勉強の手始めにはもちろん，入試直前の総確認用としても最適な一冊です。

目的別学習ができるレイアウト！

「必須語」「頻出語」「重要語」の 3 つのレベルの単語を，1 ページ内にまとめてレイアウト。異なるレベルの単語を一度に学習できるようにしました。短期間の学習でも，大学入試問題に対応できるだけの実力アップを実感できるはずです。また，学年や目的に合わせて，「必須語」のみ，あるいは「必須語」と「頻出語」というように，レベルを選んで学習することも可能です。

本書の活用法

『ふろ単』の中身をチェック！

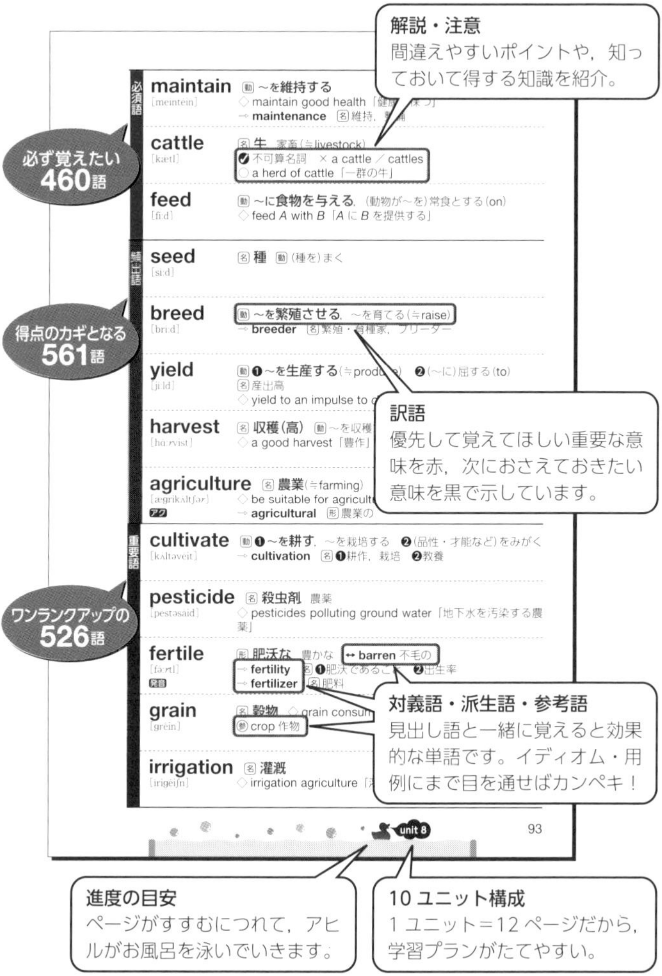

解説・注意
間違えやすいポイントや，知っておいて得する知識を紹介。

訳語
優先して覚えてほしい重要な意味を赤，次におさえておきたい意味を黒で示しています。

対義語・派生語・参考語
見出し語と一緒に覚えると効果的な単語です。イディオム・用例にまで目を通せばカンペキ！

進度の目安
ページがすすむにつれて，アヒルがお風呂を泳いでいきます。

10 ユニット構成
1 ユニット＝12 ページだから，学習プランがたてやすい。

必ず覚えたい **460**語

得点のカギとなる **561**語

ワンランクアップの **526**語

必須語

maintain [meintéin] 動 ～を維持する
◇ maintain good health「健康を保つ」
→ **maintenance** 名 維持，整備

cattle [kǽtl] 名 牛，家畜（≒livestock）
✔ 不可算名詞　× a cattle ／ cattles
◯ a herd of cattle「一群の牛」

feed [fiːd] 動 ～に食物を与える，（動物が～を）常食とする（on）
◇ feed *A* with *B*「*A* に *B* を提供する」

頻出語

seed [siːd] 名 種　動（種を）まく

breed [briːd] 動 ～を繁殖させる，～を育てる（≒raise）
→ **breeder** 名 繁殖・育種家，ブリーダー

yield [jiːld] 動 ❶～を生産する（≒produce）　❷（～に）屈する（to）
名 産出高
◇ yield to an impulse to ...

harvest [hɑːrvist] 名 収穫（高）　動 ～を収穫する
◇ a good harvest「豊作」

agriculture [ǽgrikʌltʃər] アク 名 農業（≒farming）
◇ be suitable for agriculture
→ **agricultural** 形 農業の

重要語

cultivate [kʌltəveit] 動 ❶～を耕す，～を栽培する　❷（品性・才能など）をみがく
→ **cultivation** 名 ❶耕作，栽培　❷教養

pesticide [pestəsaid] 名 殺虫剤，農薬
◇ pesticides polluting ground water「地下水を汚染する農薬」

fertile [fəːrtl] 発音 形 肥沃な，豊かな　↔ **barren** 不毛の
→ **fertility** 名 ❶肥沃であること　❷出生率
→ **fertilizer** 名 肥料

grain [grein] 名 穀物　◇ grain consum...
参 crop 作物

irrigation [irigéiʃn] 名 灌漑
◇ irrigation agriculture「...

unit 8　93

目的別おすすめ学習プラン！

春から高校 1 年生。はじめて英単語帳を使うんですが。

A 「必須語」だけを一日 2 ページずつ覚えましょう。週一日は休んでも OK。対義語・派生語などは飛ばしてもかまいません。一日に覚える単語数は 6 ～ 10 語だから，挑戦できそうでは？　一週間で 1 ユニット，2 カ月半で一冊を終えられます。

高 2 の冬。そろそろ本格的に勉強しなきゃ。

A やる気いっぱいのあなたは，「必須語」「頻出語」「重要語」を，まずは見出し語だけ，一日 6 ページずつ覚えていきましょう。20 日で一周したら，対義語・派生語・参考語を合わせてじっくり一日 3 ページずつもう二周。100 日で一冊を完璧に仕上げられます。

部活も終わり。高 3 の夏休みに集中して勉強したい！

A 時間のないあなたは，「必須語」「頻出語」を，対義語・派生語・参考語も合わせて一日 4 ページずつ覚えていきましょう。3 日で 1 ユニット，ちょうど 1 カ月で一冊完了です！

積み重ねが肝心！

記憶の定着には，何より復習が欠かせません。次のような 2 ステップの「積み重ね方式」で，確実に語彙を増やしていきましょう。

ステップ 1	前日の範囲を復習	…>	その日の範囲へ
ステップ 2	1 ユニット終了後， それまでの範囲を総復習	…>	次のユニットへ

必須語

acquire [əkwáiər]
動 ～を獲得・習得する
⇒ **acquired** 形 後天的な ↔ **inborn** 先天的な(≒innate)
⇒ **acquisition** 名 獲得

grant [grænt]
動 ❶～を与える ❷～を認める ◇ take ～ for granted「～を当然のことと思う」 ◇ grant (that) ～／granted (that) ～／granting (that) ～「仮に～だとしても」

inferior [infíriər]
形 劣った ↔ **superior** 優れた
◇ be inferior to ～「～より劣っている」
⇒ **inferiority** 名 劣等 ◇ inferiority complex「劣等感」

significant [signífikənt] アク
形 ❶重要な(≒important) ❷有意義な ❸(数量が)かなりの ⇒ **signify** 動 ～を示す
⇒ **significance** 名 ❶重要さ ❷意義

worth [wə́:rθ]
前 ～に値する ◇ worth *doing*「～する価値がある」
⇒ **worthwhile** 形 やりがいのある
⇒ **worthy** 形 価値ある [wə́:rði]

頻出語

singular [síŋgjələr]
形 ❶奇妙な(≒queer, peculiar) ❷単数の
◇ a singular coincidence「不思議な巡り合わせ」

contribute [kəntríbju:t] アク
動 (～に)貢献・寄付する(to), ～を与える
⇒ **contribution** 名 貢献, 寄付

tackle [tǽkl]
動 ～に取り組む
◇ tackle global challenges「世界規模の課題に取り組む」

complex [kàmpléks]
形 複雑な(≒complicated) ↔ **simple** 単純な
名 複合体, コンプレックス
⇒ **complexity** 名 複雑さ ↔ **simplicity** 単純さ

reveal [riví:l]
動 ～を明かす(≒show) ↔ **conceal** ～を隠す
⇒ **revelation** 名 暴露

重要語

lapse [lǽps]
動 (～に)陥る(into) 名 ささいな過ち, (時の)経過
◇ lapse into despair「絶望に陥る」
◇ a memory lapse「度忘れ」

transition [trænzíʃn]
名 移行(≒transit)
⇒ **transitional** 形 移り変わる, 過渡期の

phenomenon [finámənàn]
名 現象 ✔ 複数形は phenomena
◇ study a natural phenomenon「自然現象を研究する」

必須語

provide [prəváid]
動 ～を与える，(～を)養う(for)
◇ provide *A* with *B* (＝provide *B* for *A*)「*A* に *B* を与える」
⇒ **provided** 接 もし～ならば(≒providing)

allow [əláu] 発音
動 ❶～を許す ❷(～を)考慮する(for) ❸～を与える
⇒ **allowance** 名 小遣い，許可

seek [síːk]
動 ～を探し求める ✔ seek-sought-sought
◇ seek to *do*「～しようと努める」

opportunity [àpərtjúːnəti]
名 機会(≒chance)
◇ equal opportunities in education「教育の機会均等」

technology [teknálədʒi]
名 科学技術
⇒ **technological** 形 科学技術の
⇒ **technologist** 名 科学技術者

頻出語

underlie [ʌ̀ndərlái]
動 ～の根底にある
◇ underlie technology development「技術開発の根底にある」

drastic [drǽstik]
形 徹底的な
◇ a drastic change「抜本的(徹底的)改革」
⇒ **drastically** 副 徹底的に

interest [íntərəst]
名 ❶利害(関係)(≒concern) ❷利子 ❸興味
◇ a conflict of interests「利害の対立」

appropriate [əpróupriit]
形 ふさわしい，適切な(≒proper)
↔ **inappropriate** 不適切な

convince [kənvíns]
動 ～を確信させる ◇ be convinced of ～「～を確信している」 ⇒ **conviction** 名 確信(≒belief)
⇒ **convincing** 形 説得力のある

重要語

wholesome [hóulsəm]
形 健全な，健康に良い(≒healthy, healthful)
◇ a wholesome meal「健康に良い食事」

bestow [bistóu]
動 ～を(…に)与える，授ける(on)
◇ The rest of the class bestowed their attention on his project.「彼の計画にクラスの他の者は注目した」

endow [indáu] 発音
動 ～に(…を)与える(with)
◇ He is endowed with natural gifts.「生まれながらの才能に恵まれている」

必須語

develop [divéləp]
動 ❶～を開発する ❷発達・発展する
◇ developing countries「発展途上国」
⇨ **development** 名 ❶開発 ❷発達，発展

sustain [səstéin]
動 ～を維持する（≒maintain）
⇨ **sustainable** 形 維持できる
◇ sustainable development「持続可能な開発」

destroy [distrɔ́i]
動 ～を破壊する ↔ **construct** ～を建設する
⇨ **destructive** 形 破壊的な
⇨ **destruction** 名 破壊

poison [pɔ́izn]
名 毒
◇ One man's meat is another man's poison.「甲の薬は乙の毒」 ⇨ **poisonous** 形 有毒な（≒toxic）

頻出語

contaminate [kəntǽmənèit]
動 ～を汚染する（≒pollute）
◇ contaminate groundwater「地下水を汚染する」

sanctuary [sǽŋktʃuèri]
名 避難所，自然保護区，聖域
◇ a wildlife sanctuary「野生動物の保護区域」

inevitable [inévitəbl]
形 避けられない
◇ an inevitable clash of interests「避けられない利害の衝突」 ⇨ **inevitably** 副 必然的に

consequence [kɑ́nsikwèns] アク
名 結果（≒result）
⇨ **consequent** 形 結果として起こる
⇨ **consequently** 副 その結果，したがって（≒therefore）

endanger [indéindʒər]
動 ～を危険にさらす
◇ an endangered species「絶滅危惧種」

preserve [prizə́ːrv]
動 ～を保存・保護する
◇ preserve a heritage「遺産を守る」
⇨ **preservation** 名 保存

重要語

peril [pérəl]
名 危険 動 ～を危険にさらす
◇ face the peril of extinction「絶滅の危機に陥る」

layer [léiər]
名 層 ◇ the ozone layer「オゾン層」
◇ remain in the top layer of management「管理の最上階層に留まる」

assess [əsés]
動 ～を評価する
⇨ **assessment** 名 評価 ◇ environmental assessment「環境アセスメント，環境影響評価」

必須語

specific [spəsífik] アク
形 特有の，特定の（≒particular），明確な
⇨ **specifically** 副 具体的に，明確に

method [méθəd]
名 方法，方式
◇ employ the deductive〔inductive〕method「演繹〔帰納〕法を採用する」

solution [səlúːʃn]
名 ❶解決 ❷溶解
◇ approach the solution「解決に近づく」
⇨ **solve** 動 ～を解く

prove [prúːv] 発音
動 ～を証明する
◇ prove to be ～＝turn out to be ～「～だと判明する」
⇨ **proof** 名 証拠

頻出語

improve [imprúːv]
動 ～を改良する，良くなる ↔ **deteriorate** 悪化する
⇨ **improvement** 名 改良

eliminate [ilímineìt] アク
動 ～を取り除く（≒get rid of）
⇨ **elimination** 名 除去

eminent [émənənt]
形 ❶著名な（≒famous） ❷すぐれた，目立った
◇ be eminent for ～＝be famous for ～「～で著名だ」

prominent [prámənənt]
形 目立った ◇ prominent figures「偉人」
⇨ **prominence** 名 傑出

notable [nóutəbl]
形 顕著な
◇ a notable theory「注目に値する理論」
⇨ **note** 動 ～に注目する

重要語

hypothesis [haipáθəsis] アク
名 仮説 ✔複数形は hypotheses [haipáθəsiːz]
⇨ **hypothetical** 形 仮説上の

premise [prémis] 発音
名 前提
◇ verify the major premise「大前提を検証する」

specimen [spésəmən]
名 見本，標本（≒sample）
◇ a specimen material「検体」

presume [prizúːm] 発音
動 ～を推定する
⇨ **presumably** 副 たぶん

必須語

view [vjúː]
名 ❶見解 ❷景色 動 ～を見る
◇ view *A* as *B*「*A* を *B* と見なす・考える」
⇒ **viewer** 名 視聴者

indicate [índikèit]
動 ～を指し示す (≒point out), (兆候など) を示す
⇒ **indication** 名 指示, 兆候
参 index しるし, 索引

obvious [ɑ́bviəs]
形 明らかな (≒clear, apparent)
⇒ **obviously** 副 明らかに

頻出語

essential [isénʃl]
形 ❶極めて重要な (≒necessary) ❷本質的な
⇒ **essence** 名 本質 ◇ in essence「本質的に」

critical [krítikl]
形 批判的な, 重大な
⇒ **criticize** 動 ～を (…のことで) 批判する (for)
⇒ **critic** 名 批評家, 評論家 ⇒ **criticism** 名 批評, 批判

misleading [mislíːdiŋ]
形 誤解を招く
⇒ **mislead** 動 ～を誤解させる

apparently [əpǽrəntli] アク
副 ❶見たところ (～らしい), 一見 ❷明らかに
⇒ **appárent** 形 明白な (≒evident, obvious)

virtually [və́ːrtʃuəli]
副 事実上
⇒ **virtual** 形 (名目上はそうではないが) 実質上の
◇ virtual reality「仮想現実」

重要語

contrary [kɑ́ntreri]
形 反対の (≒opposite) 副 (～に) 反して (to) 名 逆
◇ on the contrary「それとは逆に, それどころか」
◇～ to the contrary「それとは逆の～」

context [kɑ́ntekst]
名 状況, 文脈
◇ in this context「この文脈では, これに関連して」

defy [difái]
動 ～に反抗する ⇒ **defiance** 名 反抗
◇ defy majority rule「多数決に従わない」
◇ defy stereotypes「既成概念を打破する」

warrant [wɔ́ːrənt]
名 保証 動 ～を保証する
◇ warrant the accuracy of information「情報の正確性を保証する」

entitle [intáitl]
動 ❶～に資格を与える ❷～に表題を付ける
参 title ❶称号 ❷表題

必須語

subject [sʌ́bdʒikt]
名 ❶主題(≒theme, topic) ❷被験者 ❸主語, 主観
形 (〜に)従属している, (〜の)影響を受けやすい(to)
⇨ **subjective** 形 主観的な ↔ **objective** 客観的な

term [tə́ːrm]
名 ❶用語 ❷関係 ❸期間 ◇ in terms of 〜「〜に関して, 〜の観点から, 〜の言葉で言えば」
⇨ **terminal** 形 最終の ◇ terminal care「終末医療」

refer [rifə́ːr] アク
動 ❶(〜に)言及する(to) ❷(〜を)参照する(to)
⇨ **reference** 名 参照 ◇ reference books「参考図書」

mention [ménʃn]
動 〜に言及する
◇ not to mention 〜「〜は言うまでもなく」(≒let alone 〜)

account [əkáunt]
名 説明 ◇ on account of 〜「〜のせいで」
◇ take account of 〜「〜を考慮する」
⇨ **accountable** 形 (説明の)責任がある

頻出語

illustrate [íləstrèit]
動 〜を説明する(≒explain)
⇨ **illustration** 名 説明, 挿絵

concise [kənsáis] アク
形 簡潔な
◇ be concise and to the point「簡潔でツボを押さえている」

deserve [dizə́ːrv]
動 〜に値する(≒be worthy of)
◇ deserve considering「一考に値する」
◇ deserve exile「追放に値する」

value [vǽljuː]
動 〜を評価する 名 価値(観)
◇ value diversity「多様性を重んじる」
⇨ **valuable** 形 価値ある

emphasis [émfəsis] アク
名 強調 ✔ 複数形は emphases
◇ put〔place〕emphasis on 〜「〜を強調・重視する」
⇨ **emphasize** 動 〜を強調する

重要語

exaggerate [igzǽdʒərèit] アク
動 〜を誇張する
◇ exaggerate *one's* virtues「〜の長所を誇張する」
⇨ **exaggeration** 名 誇張

logic [ládʒik]
名 論理(学)
◇ argue with logic「筋道を立てて議論する」
⇨ **logical** 形 論理的な

theory [θíːəri]
名 理論, 学説 ↔ **practice** 実践
◇ Darwin's theory of evolution「ダーウィンの進化論」
⇨ **theoretical** 形 理論の

必須語

increase [inkríːs] アク
動 ～を増やす，増える　名 増加 [ínkriːs]
↔ **decrease** ～を減らす，減る，減少

amount [əmáunt]
名 量 (≒quantity)　動 合計 (～) になる (to)
◇ any amount of ～「かなりの量の～」

average [ǽvəridʒ] アク
名 平均　形 平均の
◇ on (the) average「平均して」

rate [réit]
名 比率，速度
◇ at the rate of 40 km an〔per〕hour「時速 40 キロで」

remarkable [rimάːrkəbl]
形 顕著な (≒outstanding)
⇒ **remark**　動 ～を述べる　名 意見 (≒opinion)
⇒ **remarkably**　副 著しく

頻出語

outstanding [àutstǽndiŋ]
形 目立った
✔ stand out (「目立つ」) を形容詞化したもの

feature [fíːtʃər]
名 特徴 (≒characteristic)
動 ～を呼び物にする，～を特集する
◇ peculiar features of the epoch「その時代の特色」

survey [sərvéi]
動 ～を調査する (≒investigate)　名 調査
⇒ **surveillance**　名 監視，調査

accelerate [əksélərèit] アク
動 ～を加速させる (≒speed up)

steep [stíːp]
形 険しい，急な
⇒ **steeply**　副 急激に　◇ The birth rate has declined steeply.「出生率は急激に下がった」

重要語

gross [gróus]
形 ❶総計の　❷大まかな，粗い
◇ Gross National Product「国民総生産」(GNP)

statistics [stətístiks]
名 統計 (学)
◇ be based on statistics「統計に基づいている」
⇒ **statistical**　形 統計の

ratio [réiʃou] 発音
名 比率
◇ The ratio of men to women is 1 to 2.「男女比は 1 対 2 である」

必須語

billion [bíljən]
名 10億
参 million 100万　参 trillion 1兆　参 billionaire 億万長者

sufficient [səfíʃnt]
形 十分な（≒enough）　↔ **insufficient** 不十分な
⇒ **sufficiency** 名 十分なこと

shortage [ʃɔ́:rtidʒ]
名 不足（≒lack）
◇ a shortage of grain「穀物不足」

prospect [práspekt]
名 見込み，展望（≒outlook）

頻出語

estimate [éstəmèit]
動 ～を見積もる，～を評価する
◇ estimate a future population「将来の人口を見積もる」

sum [sʌ́m]
名 ❶合計　❷金額
動 ❶～を合計する　❷～を要約する
◇ to sum up「要約すれば」

fund [fʌ́nd]
名 基金　動 ～に資金を提供する
◇ raise funds「基金を募る」

tremendous [triméndəs]
形 巨大な，莫大な（≒huge）
◇ a tremendous amount of traffic congestion「とてつもない交通渋滞」

overwhelming [òuvərhwélmiŋ]
形 圧倒的な，激しい
◇ an overwhelming popularity「圧倒的な人気」
⇒ **overwhelm** 動 ～を圧倒する

重要語

soar [sɔ́:r]
動 急上昇する　◇ soar in popularity「人気が高まる」
参 sore 痛い（同音）

surge [sə́:rdʒ]
名 急上昇　動 急上昇する
◇ a surge in consumer prices「消費者物価の急騰」

pile [páil]
動 ～を積み重ねる，積み重なる
名 積み重ね　◇ a pile of ～「たくさんの～」

accumulate [əkjú:mjəlèit]
動 （～を）蓄積する
◇ accumulate capital「資本を蓄積する」
⇒ **accumulation** 名 蓄積

必須語

unite
[ju(:)náit]
動 〜を一つにする，一体になる
⇒ **unit** 名 単位
⇒ **unity** 名 統一

union
[jú:njən]
名 ❶同盟 ❷組合
◇ the European Union「欧州連合」(EU)

involve
[inválv]
動 〜を(…に)巻き込む(in / with)
◇ be involved in 〜「〜に関わる」
⇒ **involvement** 名 関与

connect
[kənékt]
動 〜を結ぶ
⇒ **connection** 名 関係(≒relationship)
◇ in connection with 〜「〜に関連して」

combine
[kəmbáin]
動 〜を(…と)結びつける(with)
⇒ **combination** 名 組み合わせ，結合

頻出語

bind
[báind]
動 〜を縛る ◇ be bound to *do*「〜する義務がある」
✔ bind-bound-bound

oblige
[əbláidʒ]
発音
動 〜に(…することを)強いる(to *do*)
⇒ **obligation** 名 義務(≒duty) [àbligéiʃn]
⇒ **obligate** 動 〜を(約束などで)束縛する

engage
[ingéidʒ]
動 〜を(…に)従事・没頭させる(in / on)
◇ be engaged with 〜「〜で忙しい」
⇒ **engagement** 名 約束(≒promise, appointment)

urge
[ə́:rdʒ]
動 〜をせき立てる，〜に強く迫る 名 衝動
⇒ **urgent** 形 切迫した，緊急の
⇒ **urgency** 名 緊急

conflict
[kánflikt]
アク
名 対立，葛藤 動 (〜と)矛盾・対立する(with) [kənflíkt]
◇ a conflict with nature「自然との戦い」

重要語

zealous
[zéləs]
発音
形 熱心な ◇ be zealous for world peace「世界平和を熱望している」 ◇ zealous collectors of Japanese Ukiyo-e「浮世絵の熱心なコレクター」 ⇒ **zeal** 名 熱意[zi:l]

patriotic
[pèitriátik]
形 愛国的な
⇒ **patriot** 名 愛国者
⇒ **patriotism** 名 愛国心

enthusiasm
[inθjú:ziæzm]
アク
名 熱狂，情熱(≒passion)
◇ with enthusiasm「熱心に」
⇒ **enthusiastic** 形 熱心な

必須語

individual 名 個人 形 個人の
[indəvídʒuəl] ◇ What counts is the rights of the individual.「重要なのは個人の権利だ」

encourage 動 ～を励ます ↔ **discourage** ～のやる気をそぐ
[inkə́:ridʒ] ◇ encourage *A* to *do*「～するよう *A* を励ます」
⇒ **courage** 名 勇気

determine 動 ～を決定する（≒decide）
[ditə́:rmin] ⇒ **determination** 名 決定

establish 動 ～を設立・確立する（≒found）
[istǽbliʃ] ⇒ **establishment** 名 ❶設立 ❷支配層

measure 名 ❶手段，方策 ❷寸法 動 ～を測る
[méʒər] ◇ preventative measures「予防手段」

頻出語

participate 動（～に）参加する（in）（≒take part in，join）
[pɑ:rtísəpèit] ⇒ **participation** 名 参加
アク ⇒ **participant** 名 参加者

commit 動 ❶～に関わる ❷～を犯す ◇ commit suicide「自殺する」 ◇ be committed to ～「～に専心する」
[kəmít]
アク ⇒ **commitment** 名 関わり ⇒ **commíttee** 名 委員会

fundamental 形 基本的な，根本的な
[fʌ̀ndəméntl] ◇ fundamental human rights「基本的人権」

policy 名 ❶政策，方針 ❷信条，ポリシー
[pɑ́ləsi] 参 policymaker 政策立案者

administration 名 管理，行政
[ədministréiʃn] ⇒ **administer** 動 ～を管理する
⇒ **administrative** 形 管理の，行政の

重要語

nationality 名 国籍
[næʃənǽləti] ⇒ **nation** 名 国（民） ⇒ **national** 形 国（民）の
⇒ **nationalism** 名 国家主義

revolt 名 反乱，反感 動（～に）反抗する ◇ revolt against a tyranny「圧政への反乱」 ◇ revolt against public-works projects「公共事業への反発」 参 revolve 回転する
[rivóult]

minister 名 ❶大臣 ❷聖職者
[mínəstər] ◇ the Prime Minister「（当代の）総理大臣」 ◇ the former Prime Minister「前総理大臣」 ⇒ **ministry** 名 省

必須語

argue [ɑ́ːrgjuː]
動 (〜を)**議論する** ✔自動詞は argue about 〜 の形になる
⇒ **argument** 名 議論

issue [íʃuː]
名 ❶**問題** (≒problem) ❷発行 動 〜を発行する
◇ raise a grave issue「重大問題を提起する」

concentrate [kɑ́nsntrèit] アク
動 (〜に)**集中する** (on), 〜を集める
⇒ **concentration** 名 集中(力)

alternative [ɔːltə́ːrnətiv] アク
名 **代替物** 形 **代替的な**, 二者択一の
◇ alternative medicine「代替医療」
⇒ **alternate** 動 (〜と)交替する 形 交互の

頻出語

eloquent [éləkwənt]
形 **雄弁な** ⇒ **eloquence** 名 雄弁
◇ Eyes are more eloquent than lips.「目は口ほどに物を言う」

compensate [kɑ́mpənsèit] アク
動 (〜に)**償う**, (〜を)埋め合わせる
◇ compensate *A* for *B* with *C*「*A*(人)に *C* で *B* の償いをする」 ⇒ **compensation** 名 償い

accord [əkɔ́ːrd]
動 (〜と)**一致する** (with) 名 ❶調和, 一致 ❷協定
⇒ **accordance** 名 一致 ◇ in accordance with 〜「〜に従って」 ⇒ **accordingly** 副 それに応じて

poll [póul]
名 **投票**, 世論調査 参 pole 極(同音)
◇ take a poll「世論調査を行う」

consent [kənsént] アク
名 **同意** 動 (〜に)同意する (to) (≒agree)
✔「(電気の)コンセント」は outlet または socket

重要語

consensus [kənsénsəs]
名 ❶**合意** ❷世論

assent [əsént]
名 **同意** 動 (〜に)**同意する** (to)
◇ assent to a proposal「提案に同意する」

unanimous [ju(ː)nǽnəməs]
形 **全員一致の**
◇ a unanimous passage「全会一致での可決」

census [sénsəs]
名 **国勢調査**, 人口調査
◇ take a census「国勢調査をする」

必須語

include [inklú:d]
動 ～を含む（≒contain） ↔ **exclude** ～を除外する
⇒ **including** 前 ～を含めて ⇒ **inclusion** 名 含めること
⇒ **inclusive** 形 包括的な

overall [óuvərɔ̀:l]
形 **全般的な**（≒general）
副 **全般的に見れば**（≒generally）

actual [ǽktʃuəl]
形 **現実の**
⇒ **actually** 副 実際は（≒in fact）

negative [négətiv]
形 **否定的・消極的な**
↔ **affirmative** 肯定的な ↔ **positive** 積極的な

aspect [ǽspekt] アク
名 **局面**，状況
◇ assume a serious aspect「重大な様相を呈する」

頻出語

perspective [pərspéktiv]
名 **見通し**，見方
◇ from *one's* perspective「～の見るところでは」

spectacle [spéktəkl]
名 **光景**，見せ物
⇒ **spectacular** 形 華々しい
⇒ **spectator** 名 観客 参 audience 聴衆

perceive [pərsí:v]
動 **～に気づく**（≒notice）
◇ perceive the difference between *A* and *B*「*A* と *B* との違いに気づく」 ⇒ **perception** 名 認識

overlook [òuvərlúk]
動 **～を見過ごす**，～を大目に見る
◇ overlook the signs of child abuse「児童虐待の兆しを見過ごす」

ignore [ignɔ́:r]
動 ❶**～を無視する**（≒disregard） ❷～を見落とす
⇒ **ignorance** 名 無知 ◇ Ignorance is bliss.「知らぬが仏」
⇒ **ignorant** 形（～を）知らない（of）

重要語

prejudice [prédʒədis] アク
名 **偏見**，先入観（≒bias）
◇ a prejudice of gender「性別による偏見」

diagnose [dáiəgnòus] アク 発音
動 **～を診断する**
◇ diagnose severity of insomnia「不眠症の重さを診断する」 ⇒ **diagnosis** 名 診断

supplement [sʌ́pləmənt] アク
名 **補足** 動 ～を補完する [sʌ́pləmènt]
◇ supplement a meal with ～「～で食事を補う」

必須語

vocabulary 名 語彙
[voukǽbjəlèri]
◇ enlarge *one's* vocabulary「語彙を広げる」

transmit 動 ～を伝える
[trænsmít]
⇒ **transmission** 名 伝達

inform 動 ～に(…について)知らせる(of)
[infɔ́ːrm]
⇒ **information** 名 情報 ✔不可算名詞

define 動 ～を定義する
[difáin]
⇒ **definite** 形 明確な(≒clear) ⇒ **definitely** 副 明確に
⇒ **definition** 名 定義

頻出語

dialect 名 方言 ◇ a dialect vocabulary「方言語彙」
[dáiəlèkt]
参 dialogue 対話 参 dialectic 弁証法(の)

tongue 名 ❶言語(≒language) !重要 ❷舌
[tʌ́ŋ]
◇ a mother tongue「母国語」

linguistics 名 言語学
[liŋgwístiks]
⇒ **linguistic** 形 言語(学)の
⇒ **linguist** 名 言語学者

pronounce 動 ～を発音する
[prənáuns]
発音
⇒ **pronunciation** [prənʌ̀nsiéiʃn] 名 発音

oral 形 口頭の, 会話の(≒conversational)
[ɔ́ːrəl]
参 aural 耳の, 聴覚の(同音)

重要語

verbal 形 言葉の ↔ **nonverbal** 言葉を使わない
[vɔ́ːrbl]
⇒ **verbally** 副 言葉で
参 verb 動詞

discourse 名 ❶話, 会話(≒dialogue) ❷論説
[dískɔːrs]
◇ hold discourse with ～「～と会話をする」

denote 動 ～を表す(≒stand for ～), 意味する(≒mean)
[dinóut]
◇ T denotes time.「Tは時間を表している」

colloquial 形 口語の ↔ **literary** 文語の
[kəlóukwiəl]
◇ a colloquial usage「口語用法」

必須語

region [rí:dʒən]
名 **地域**, 地方 ◇ the region of the equator「赤道地帯」
⇒ **regional** 形 地域の, 地方の
参 religion 宗教

population [pɑ̀pjəléiʃn]
名 **人口** ◇ an overpopulated city「人口過密都市」
参 popularity 人気

trend [trénd]
名 **(一般的な)傾向**
⇒ **trendy** 形 流行の ◇ a trendy fashion「最新の流行」

range [réindʒ]
名 **範囲** 動 (～から…に)及ぶ(from ～ to …)
◇ beyond the range of hearing「聞こえないところに」

urban [ə́:rbn]
形 **都会の** ↔ **rural** 田舎の
◇ urban concentration「都市集中」

頻出語

metropolitan [mètrəpɑ́litn]
形 **大都市の** 参 cosmopolitan 国際的な, 国際人
⇒ **metrópolis** 名 大都市

district [dístrikt]
名 **地区**(≒area)
◇ a residential district「住宅地区」

suburb [sʌ́bə:rb] アク
名 **郊外**(≒outskirts)

rural [rúrəl]
形 **田舎の**(≒provincial) ↔ **urban** 都会の
◇ lead a rural life「田舎暮らしをする」

inhabitant [inhǽbitənt]
名 **住民**(≒resident, dweller)
◇ inhabitant consciousness「住民意識」
⇒ **inhabit** 動 ～に住む(≒live in)

重要語

dwell [dwél]
動 ❶**住む** ❷(～について)よく考える(on) ❸存在する
⇒ **dweller** 名 居住者
⇒ **dwelling** 名 居住

swell [swél]
動 **膨らむ**, 増大する
◇ a swelling population「増大する人口」

shrink [ʃríŋk]
動 **縮む**, ～を縮小させる
◇ shrink from responsibility「責任を取るのを嫌がる」
参 contract 収縮する

必須語

demand 動 ～を要求する(≒request, claim) 名 需要
[dimǽnd]
↔ **supply** (～を)供給(する)
⇨ **demanding** 形 過大の労力を要する，きつい

economy 名 経済，節約
[ikɑ́nəmi]
⇨ **economic** 形 経済の ⇨ **economics** 名 経済学
⇨ **economical** 形 経済的な，節約的な

capital 形 ❶主要な ❷大文字の 名 資本，首都
[kǽpitl]
⇨ **capitalism** 名 資本主義
⇨ **capitalist** 名 資本家

consume 動 ～を消費する ↔ **produce** ～を生産する
[kənsúːm]
⇨ **consumption** 名 消費 ↔ **production** 生産
⇨ **consumer** 名 消費者

financial 形 財政の，金融の ◇ a financial crisis「財政危機」
[finǽnʃl]
⇨ **finance** 名 財政，金融

頻出語

commercial 形 商業の
[kəmə́ːrʃl]
◇ a commercial message「コマーシャル」(CM)
⇨ **commerce** 名 商業

merchandise 名 商品(≒goods, commodity)
[mə́ːrtʃəndàiz]
◇ several pieces of merchandise「数点の品物」
⇨ **merchant** 名 商人

invest 動 (～を…に)投資する(in)
[invést]
⇨ **investment** 名 投資

monopoly 名 独占
[mənɑ́pəli]
◇ have a monopoly of ～「～を独占している」
⇨ **monopolize** 動 ～を独占する

exceed 動 ～を超える ⇨ **excess** 名 過剰
[iksíːd]
⇨ **excessive** 形 過度の
⇨ **exceedingly** 副 大いに

重要語

surplus 形 余った 名 余り，過剰 ↔ **deficiency** 不足，赤字
[sə́ːrplʌs]
アク
◇ a trade surplus「貿易黒字」

extravagant 形 ぜいたくな，浪費の
[ikstrǽvəgənt]
◇ be extravagant in *one's* way of living「暮らしがぜいたくだ」

superfluous 形 余分な(≒excessive, extra)
[supə́ːrfluəs]
アク
◇ superfluous words「無駄な言葉」

必須語

direct [dirékt]
動 (～を)指示する 形 直接の ↔ **indirect** 間接的な
⇒ **direction** 名 方向，指示
⇒ **director** 名 監督，重役(≒executive)

client [kláiənt]
名 (専門家への)依頼人
✔〈客〉 customer(商店の)顧客 guest(家庭やホテルの)客 passenger 乗客

appointment [əpɔ́intmənt]
名 ❶(会う)約束 ❷任命
⇒ **appoint** 動 ❶～を指定する ❷～を任命する

頻出語

represent [rèprizént]
動 ❶～を表す，～を象徴する(≒stand for) ❷～を代表する
⇒ **representative** 名 代表者 形 代表の

peer [píər]
名 仲間，同僚 動 (～を)見つめる(at)
◇ a peer conflict「仲間内のいさかい」
◇ peer pressure「同調圧力」

executive [igzékjətiv] 発音
名 重役 形 執行権をもつ
⇒ **éxecùte** 動 ❶～を実施する(≒perform) ❷～を死刑にする

colleague [kɑ́li:g] アク
名 同僚(≒peer, associate)
◇ collaborate with colleagues「同僚たちと協働する」

conference [kɑ́nfərəns]
名 会議(≒meeting)
◇ be in conference「会議中だ」
⇒ **confer** 動 話し合う

重要語

wholesale [hóulsèil]
名 卸売り 形 卸売りの
◇ wholesale prices「卸売価格」 参 retail 小売り
参 wholesome 健全な

implement [ímpləmənt] アク
動 ～を実行する 名 道具(≒instrument, equipment)
◇ implement an internship「インターンシップを行う」

assign [əsáin]
動 ～を割り当てる，～を任命する
◇ assign ～ the job「～にその仕事を任せる」
⇒ **assignment** 名 割り当てられたもの，宿題

designate [dézignèit] 発音
動 ❶～を示す ❷～を指名する
◇ a designated hitter「指名打者」

merge [mə́:rdʒ]
動 (～と)合併する(with)
◇ merge with a large corporation「大企業と合併する」
⇒ **merger** 名 合併

必須語

domestic [dəméstik] 形 **家庭の**，国内の　◇ domestic violence「家庭内暴力」(DV)　⇒ **domesticate** 動 ～を飼いならす
◇ a domesticated dog「飼い犬」

acknowledge [əknɑ́lidʒ] 動 **～を認める**（≒admit）

limit [límit] 動 **～を制限する** 名 制限
◇ Limit your answer to 50 characters.「50字以内で答えよ」

頻出語

confine [kənfáin] 動 ❶ ～を（…に）**限定する**（to）　❷ ～を（…に）閉じ込める（to）
◇ be confined to bed「寝たきりである」

spouse [spáus] 発音 名 **配偶者**（≒marital partner）
◇ suffer from spouse abuse「配偶者虐待を受ける」

paternal [pətə́ːrnl] 形 **父の**　↔ **maternal** 母の
◇ a paternal involvement「父親としての関わり」

mutual [mjúːtʃuəl] 形 **相互の**　◇ mutual understanding「相互理解」

relevant [réləvənt] 形 ❶（～と）**関係のある**（to）　❷適切な
↔ **irrelevant** ❶無関係の　❷不適切な

重要語

retain [ritéin] 動 **～を保つ**（≒maintain）
◇ retain an old custom「古い習慣を保持する」
⇒ **retainer** 名 召使

retrieve [ritríːv] 動 ❶ **～を取り戻す**　❷（情報）を検索する
◇ retrieve *oneself*「更生・改心する」

recede [risíːd] 動 **後退する**　↔ **proceed** 前進する
◇ The flood water has receded.「洪水の水は引いた」
⇒ **recession** 名 景気後退，不況

restore [ristɔ́ːr] 動 **～を元に戻す**
◇ restore *one's* confidence「自信を取り戻す」

reconcile [rékənsàil] アク 動 **～を和解させる**
◇ reconcile opposing parties「対立集団を和解させる」

必須語

relate [riléit]
動 ❶**～を関係づける**，関係する ❷～を述べる
⇒ **relation** 名 関係 ⇒ **relationship** 名 関係

lack [lǽk]
名 **不足**，欠乏（≒deficiency, shortage）
動（～を）欠いている ◇ for lack of ～「～がないために」
参 luck 幸運 [lʌ́k]

tend [ténd]
動（～する）**傾向がある**（to *do*）（≒be apt to *do*）
⇒ **tendency** 名 傾向

頻出語

alien [éiliən]
形 ❶**外国（人）の** ❷異質の 名 **外国人**，宇宙人
⇒ **alienate** 動 ～を疎んじる

endure [indjúər]
動 ～**に耐える**（≒stand, bear, put up with）
⇒ **endurance** 名 忍耐
⇒ **durable** 形 耐久性のある，永続性のある

withstand [wiθstǽnd]
動 ～**に耐える**，抵抗する
◇ withstand cancer therapy「ガン治療に耐える」

bear [béər]
動 ❶**～を運ぶ** ❷**～に耐える** ❸（子を）産む
◇ bear ～ in mind「～を心に留める」
◇ bear fruit「実を結ぶ」

convey [kənvéi] アク
動 ❶**～を運ぶ**（≒carry） ❷～を伝える
◇ convey *A* to *B*「*A* を *B* へ運ぶ」
参 convoy（～を）護送（する）

重要語

prevail [privéil]
動 ❶**普及する** ❷打ち勝つ
⇒ **prevalent** 形 普及・流行している
⇒ **prevalence** 名（病気の）流行

tolerate [tálərèit]
動 ～**を我慢する**（≒stand, bear），～を大目に見る
⇒ **tolerance** 名 忍耐，寛容
⇒ **tolerant** 形（～に）耐えられる，（～に）寛容である（of）

agony [ǽgəni]
名 **苦痛**
◇ suffer an agony of despair「絶望の苦しみに悩む」

torture [tɔ́:rtʃər]
名 **苦悶** 動 ～を苦しめる
◇ be tortured by a guilty conscience「罪の意識に苦しむ」

ordeal [ɔ:rdí:l]
名 **試練**（≒ hardship）
◇ stand an ordeal「試練に耐える」

必須語

present [préznt]
㊊ ❶現在の(≒current) ❷出席して ↔ **absent** 欠席して
⇨ **presence** ㊔ 存在，面前 ↔ **absence** 不在
⇨ **presentation** ㊔ 提示，説明

current [kə́:rənt]
㊊ **現在の**，現時点での(≒present) ㊔ **流れ**
◇ current affairs「時事問題」 ⇨ **currently** ㊓ 現在は，一般に ⇨ **currency** ㊔ ❶通貨 ❷普及

destiny [déstəni]
㊔ **運命**(≒fortune, doom)
◇ work out *one's* own destiny「自分の運命を切り開く」
㊇ destination 目的地

advance [ədvǽns] アク
㊍ **前進する**，～を前進させる ㊔ **前進**
◇ in advance「前もって」(≒beforehand)
⇨ **advanced** ㊊ 進歩した ⇨ **advancement** ㊔ 進歩

頻出語

immediate [imí:diit]
㊊ ❶**即座の**(≒prompt) ❷直接の(≒direct)
⇨ **immediately** ㊓ ❶すぐに(≒instantly) ❷直接に(≒directly)

contemporary [kəntémpərèri]
㊊ **同時代の**，現代の
◇ be contemporary with ～「～と同時代だ」

constant [kánstənt]
㊊ **一定の**，絶え間ない
◇ with constant interruption「しじゅう邪魔されて」
⇨ **constantly** ㊓ 絶え間なく

steady [stédi] 発音
㊊ **着実な**，決まった
◇ steady advancement「着実な前進」
⇨ **steadily** ㊓ 着実に(≒step by step)

重要語

incessant [insésnt]
㊊ **絶え間ない**
◇ succeed in life by *one's* incessant effort「不断の努力によって出世する」

transient [trǽnʃnt]
㊊ **一時的な** ◇ a transient symptom「一過性の症状」

phase [féiz]
㊔ **局面**，段階(≒aspect, stage)
◇ enter on a new phase「新局面に入る」

cease [sí:s] 発音
㊍ **～を中止する，終わる**
◇ It ceased to rain.＝It ceased raining.「雨が止んだ」
⇨ **ceaseless** ㊊ 絶え間ない(≒constant)

halt [hɔ́:lt] 発音
㊍ **止まる**，～を止める ㊔ 停止
◇ halt operations「操業を停止する」

必須語

novel [návl]
形 新奇な ↔ **antique** 古風な（≒old-fashioned）
名 小説
⇒ **novelty** 名 目新しいこと・もの

primary [práimeri]
形 第一の，最初の ↔ **secondary** 第二の，二次的な
⇒ **prime** 形 主要な，一流の ◇ a prime minister「総理大臣」
⇒ **primarily** 副 主として

initial [iníʃl] アク
形 最初の
⇒ **initiate** 動 ～を始める
⇒ **initiative** 名 ❶主導権 ❷独創力

row [róu]
名 横列 ↔ **column** 縦列 ◇ the front row「最前列」
動（ボートを）こぐ
参 raw 生(なま)の [rɔ́ː]

頻出語

annual [ǽnjuəl]
形 毎年の
◇ an annual amount of rainfall「年間降水量」

anniversary [æ̀nəvə́ːrsəri] 名 記念日
◇ celebrate the tenth anniversary of *one's* marriage「結婚10周年記念日を祝う」

temporary [témpərèri] 形 一時の ↔ **permanent** 永久の
◇ a temporary boom「にわか景気」

instant [ínstənt]
名 瞬間（≒moment） 形 即座の（≒immediate）
⇒ **instantly** 副 すぐに
⇒ **instance** 名 例 ◇ for instance「たとえば」

dominate [dɑ́mənèit] 動 ～を支配する（≒rule）
⇒ **dominant** 形 優勢な
◇ dominant inheritance「優性遺伝」

重要語

abrupt [əbrʌ́pt]
形 突然の（≒sudden, unexpected）
⇒ **abruptly** 副 突然に

tentative [téntətiv] 形 仮の，一時的な（≒temporary）
◇ a tentative budget「暫定予算」

conquer [kɑ́ŋkər]
動 ～を征服する
◇ conquer difficulties「困難に打ち勝つ」
⇒ **conquest** 名 征服

subordinate [səbɔ́ːrdənit] アク 形 下位の 名 部下
動 ～を（…より）下に置く（to） [səbɔ́ːrdənèit]

必須語

decade [dékeid]
名 10年間
参 century 100年間，世紀
参 millennium 1000年間

primitive [prímitiv]
形 原始の　名 原始人　◇ primitive ages「原始時代」

ancient [éinʃənt] 発音
形 古代の　◇ ancient civilization「古代文明」

頻出語

prehistoric [pri:histɔ́(:)rik]
形 先史時代の

ancestor [ǽnsestər] アク
名 祖先(≒forefather)　↔ **descendant** 子孫(≒offspring)
⇒ **ancestral** 形 祖先の

descend [disénd]
動 (～から)降りる　↔ **ascend**(～に)登る
⇒ **descent** 名 降りること　↔ **ascent** 登ること

epoch [épək] アク
名 時代(≒age, period, era)
参 epoch-making 画期的な

dawn [dɔ́:n] 発音
名 夜明け
◇ from dawn till dusk「夜明けから夕暮れまで」
◇ the dawn of civilization「文明の夜明け」

重要語

archaeology [ɑ̀:rkiɑ́lədʒi] 発音
名 考古学
◇ prehistoric archaeology「先史考古学」
⇒ **archaeologist** 名 考古学者

medieval [mi:dii:vl] 発音
形 中世の　◇ medieval music「中世音楽」

obsolete [ɑ̀bsəli:t] アク
形 陳腐な，もはや使用されていない，廃れた
◇ an obsolete doctrine「時代遅れの学説」

advent [ǽdvent] アク
名 出現，到来(≒arrival)　参 adventure 冒険
◇ with the advent of ～「～の到来とともに」

permanent [pə́:rmənənt]
形 永久の(≒perpetual)
◇ a permanent neutral state「永世中立国」
⇒ **permanently** 副 永久に

必須語

survive [sərváiv]
動 (～を)生き延びる
⇒ **survival** 名 生き残ること

evolution [èvəlú:ʃn]
名 進化 ◇ the theory of evolution「進化論」
⇒ **evolve** 動 進化する
参 revolution 革命

wisdom [wízdəm] 発音
名 知恵 ◇ have wisdom to *do*「～する分別がある」
⇒ **wise** 形 賢い(≒clever, smart)

intelligent [intélidʒənt]
形 知能の高い
⇒ **intelligence** 名 知能, 情報
⇒ **intellectual** 形 知的な ⇒ **íntellect** 名 知性

affect [əfékt] アク
動 ～に影響を及ぼす 参 effect 影響, 結果
⇒ **affection** 名 愛情(≒love, liking)
⇒ **affectionate** 形 愛情のこもった

頻出語

expose [ikspóuz]
動 ～を(…に)さらす(to)
⇒ **exposure** 名 さらすこと, 暴露

ape [éip]
名 類人猿 ◇ an anthropoid ape「類人猿」
参 primate 霊長類

mammal [mǽml]
名 哺乳動物 ◇ a mammal diversity「哺乳類の多様性」
参 reptile 爬虫類

instinct [ínstiŋkt] アク
名 本能 ◇ instinct for survival「生存本能」
⇒ **instinctive** 形 本能的な

derive [diráiv]
動 (～に)由来する(from)
⇒ **derivation** 名 由来, 起源

重要語

stem [stém]
動 (～に)起因する, (～に)端を発する(from)
名 幹(≒trunk) 参 branch 枝

foster [fɔ́:stər]
動 ～を育てる
◇ foster an adopted child「養子を育てる」

rear [ríər]
動 ～を育てる(≒bring up) 形 後方の
◇ rear *one's* family「家族を養う」

必須語

capacity [kəpǽsəti] 名（収容）能力
⇒ **capable** 形（～することが）できる（of *doing*）
⇒ **capability** 名 能力

potential [pəténʃl] 形 **可能性のある**，潜在的な ↔ **actual** 現実の
名 潜在能力
⇒ **potentiality** 名（潜在的）可能性

afford [əfɔ́:rd] 動 **～の余裕がある**
✔ can, could, be able to とともに用いる

prefer [prifə́:r] アク 動（…よりも）**～のほうを好む**（to）
⇒ **preferable** 形 より好ましい
⇒ **preference** 名 優先，好み

favor (-vour) [féivər] 名 **好意** ◇ in favor of ～「～に賛成して」
◇ Would you do me a favor? / May I ask a favor of you?
「お願いがあるのですが」 ⇒ **favorable** 形 好意的な

頻出語

forgive [fərgív] 動 ～を（…について）**許す**（for）
◇ Please forgive me.「どうか許して」

inspire [inspáiər] 動 ❶**～を励ます** ❷（考えなど）を吹き込む
⇒ **inspiration** 名 インスピレーション，刺激

reluctant [rilʌ́ktənt] 形（～するのに）**気が進まない**（to *do*）
↔ **willing** 快く～する（to *do*）
⇒ **reluctance** 名 嫌気

重要語

burden [bə́:rdn] 名 **重荷**，負担（≒load）
動 ～に（…を）負わせる（with）
⇒ **burdensome** 形 厄介な

load [lóud] 名 **荷物**，重荷（≒burden）
動 ～を積み込む，（荷を）積載する

hinder [híndər] 動 **～を妨げる**（≒prevent）
◇ hinder *A* from *doing*「*A* が～するのを妨げる」

deter [ditə́:r] 動 **～を阻止する**（≒prevent），防ぐ
◇ deter *A* from *doing*「*A* が～するのをやめさせる」

obstruct [əbstrʌ́kt] 動 **～を妨害する**
◇ obstruct the blood flow「血流を妨げる」
⇒ **obstruction** 名 障害

必須語

admire [ədmáiər]
動 ～に感嘆する ↔ **despise** ～を軽蔑する
⇒ **admiration** 名 感嘆，賞賛
⇒ **ádmirable** 形 立派な

respect [rispékt]
動 ～を尊敬する（≒look up to） 名 ❶尊敬 ❷点，箇所
⇒ **respectable** 形 尊敬すべき ⇒ **respectful** 形 ていねいな ⇒ **respective** 形 それぞれの ✔複数名詞を伴う

rely [rilái]
動（～に）頼る（on）（≒depend on）
⇒ **reliable** 形 信頼できる
⇒ **reliance** 名 信頼

faith [féiθ]
名 ❶信用（≒trust） ❷信念（≒belief）
⇒ **faithful** 形 忠実な

頻出語

confident [kάnfidənt]
形 自信のある，（～を）確信している（of）
⇒ **confidence** 名 信用
⇒ **confidential** 形 ❶秘密の ❷信用のある

grateful [gréitfl]
形 感謝している（≒thankful）
◇ be grateful to *A* for *B*「*B* について *A*（人）に感謝している」
⇒ **gratitude** 名 感謝

regret [rigrét]
名 後悔 動（～を）後悔する ✔regret *doing*「～したことを後悔する」／regret to *do*「残念ながら～する」
⇒ **regretful** 形 後悔している ⇒ **regrettable** 形 残念な

pity [píti]
名 哀れみ，残念
◇ What a pity!「かわいそうに！」

sorrow [sɔ́:rou]
名 悲しみ（≒sadness，grief）
◇ feel sorrow for ～「～を悲しむ」

重要語

reverence [révərəns]
名 尊敬（≒respect） 動 ～を尊敬する
◇ hold ～ in reverence「～を敬う」

abandon [əbǽndən]
動 ❶～を捨てる ❷～を断念する（≒give up）
参 abundant 豊富な

forsake [fərséik] アク
動 ～を見捨てる（≒desert）
◇ Don't forsake me.「見捨てないで」

betray [bitréi]
動 ❶～を裏切る ❷～を（うっかり）暴露する
◇ betray *A* to *B*「（裏切って）*A* を *B* に暴露する」

必須語

mental [méntl]
形 精神の ↔ **physical** 身体の
⇒ **mentality** 名 知能(≒intelligence)

remind [rimáind]
動 ～に(…を)思い出させる(of)
◇ be reminded of ～＝remember ～「～を思い出す」
⇒ **reminder** 名 思い出させる人・もの

emotion [imóuʃn]
名 感情(≒feeling, sentiment)
参 reason 理性

personality [pə̀ːrsənǽləti]
名 ❶個性, 性格 ❷有名人
⇒ **personal** 形 個人の
⇒ **pèrsonnél** 名 職員

頻出語

conscious [kάnʃəs]
形 意識している ↔ **unconscious** 無意識の
⇒ **consciousness** 名 意識

nervous [nə́ːrvəs]
形 神経質な
⇒ **nerve** 名 神経 ◇ a nerve cell「神経細胞」

tense [téns]
形 緊張した
⇒ **tension** 名 緊張(≒strain) ↔ **relaxation** くつろぎ

psychology [saikάlədʒi] 発音
名 心理学
⇒ **psychological** 形 心理(学)の
⇒ **psychologist** 名 心理学者 参 psychiatrist 精神科医

impulse [ímpʌls]
名 ❶衝動 ❷刺激
◇ impulse purchase「衝動買い」

重要語

stimulate [stímjəlèit] アク
動 ～を刺激する
⇒ **stimulus** 名 刺激 ✔ 複数形は stimuli [stímjəlài]

arouse [əráuz] 発音
動 ❶～を目覚めさせる ❷～を刺激する
✔ arise「生じる」の過去形は arose [əróuz]

frustrate [frʌ́streit]
動 ～を失敗・失望させる
◇ be frustrated「がっかりする」
⇒ **frustration** 名 失敗(挫折), 欲求不満

retrospect [rétrəspèkt] アク
名 回顧(≒remembrance, recollection, reminiscence)
◇ in retrospect「振り返ってみると」

必須語

recognize (-nise) 動 ～だと分かる
[rékəgnàiz]
アク
◇ recognize *A* as *B*「*A* を *B* と認める」
⇒ **recognition** 名 認識

confuse 動 ～を混乱させる ◇ confuse *A* with *B*「*A* を *B* と間違える」 ⇒ **confusing** 形 紛らわしい
[kənfjú:z]
⇒ **confusion** 名 混乱（≒chaos）

concern 動 ❶～を心配させる ❷～に関係する ◇ be concerned about ～「～を心配している」 ◇ be concerned with ～「～に関係している」 ⇒ **concerning** 前 ～に関して
[kənsə́:rn]

anxious 形 ❶（～を）心配して（about） ❷（～を）切望して（for）
[ǽŋkʃəs]
⇒ **anxiety** 名 ❶不安 ❷熱望 [æŋzáiəti]

頻出語

bet 動 きっと～だと思う，（～を）賭ける 名 賭け
[bét]
◇ I ('ll) bet (you) (that) SV.「きっと～だ」

optimistic 形 楽観的な ↔ **pessimistic** 悲観的な
[àptəmístik]
アク
⇒ **optimist** 名 楽観主義者 ↔ **pessimist** 悲観主義者
⇒ **optimism** 名 楽観主義 ↔ **pessimism** 悲観主義

predict 動 ～を予測・予言する
[pridíkt]
⇒ **prediction** 名 予測，予言

forecast 動 ～を予報・予想する 名 予報，予想
[fɔ́:rkæ̀st]
◇ a weather forecast「天気予報」

重要語

anticipate 動 ～を予期する（≒expect）
[æntísəpèit]
アク
⇒ **anticipation** 名 予期，期待

foretell 動 ～を予言する
[fɔ:rtél]
◇ foretell an earthquake「地震を予言する」

prophecy 名 予言 ◇ fulfill the prophecy「予言どおりになる」
[prɑ́fəsi]
⇒ **prophesy** 動 ～を予言する [prɑ́fəsài]

deduce 動 ～を推論・演繹する ◇ deduce the conclusion from the premises「前提から結論を推定する」
[didjú:s]
参 induce 帰納する

yearn 動 （～を）切望する（for）（≒long for）
[jə́:rn]
◇ yearn for freedom「自由を切望する」

必須語

patient ［péiʃnt］ 発音
名 **患者**　形 **我慢強い**　↔ **impatient** 我慢できない
⇒ **patience**　名 忍耐（≒endurance）

---

surgery ［sə́ːrdʒəri］
名 **手術**，外科
◇ undergo cardiac surgery「心臓手術を受ける」
参 surgeon 外科医

---

physician ［fizíʃn］
名 **内科医**　参 surgeon 外科医
参 physicist 物理学者　参 physics 物理学

---

operate ［ɑ́pərèit］ アク
動 **❶～を操作する**　❷働く，作用する　❸手術する
◇ operate on *A* for *B*「*A* に *B* の手術をする」
⇒ **operation**　名 ❶操作　❷作用　❸手術

頻出語

immune ［imjúːn］
形 **免疫の**，免れて，（～の影響を）受けない（to）　◇ be immune to smallpox「天然痘に免疫がある」　◇ be immune from arrest「逮捕を免れて」　⇒ **immunity**　名 免疫

---

wound ［wúːnd］ 発音
名 **傷**　動 ～を傷つける（≒hurt，injure）
⇒ **wounded**　形 けがをした　参 wind 曲がる，～を巻く［wáind］　✔ wind の過去・過去分詞形は wound［wáund］

---

cough ［kɔ́ːf］ 発音
名 **咳**　動 咳をする
参 sneeze くしゃみ（をする）　参 yawn あくび（をする）
参 snore いびき（をかく）

---

sore ［sɔ́ːr］
形 **痛い**　◇ have a sore throat「のどが痛い」
参 soar 急上昇する（同音）

重要語

caregiver ［kéərgivər］
名 **介護者**（≒healthcare provider），乳幼児保護者（≒parent，guardian）

---

folly ［fɑ́li］
名 **愚行**　◇ follies of youth「若いときの愚行」
⇒ **foolish**　形 愚かな

---

concede ［kənsíːd］
動 **～を認める**，（～に）譲歩する（to）
◇ concede better working conditions「労働条件の改善を認める」　⇒ **concession**　名 譲歩

---

transaction ［trænsǽkʃn］
名 **取引**，交流
◇ conduct business transactions with ～「～と商取引をする」　参 contract，agreement 契約

---

abortion ［əbɔ́ːrʃn］
名 **妊娠中絶**，堕胎
◇ a debate over abortion「中絶論争」

必須語

influence [ínfluəns] アク
動 ～に影響を及ぼす 名 影響(≒effect)
⇒ **ìnfluéntial** 形 有力な

serious [síriəs]
形 深刻な, まじめな
⇒ **seriously** 副 深刻に ◇ take it seriously「真剣に受け止める」(↔ take it easy「気楽に考える」)

probably [prábəbli]
副 たぶん
⇒ **probable** 形 ありそうな(≒likely)
⇒ **probability** 名 可能性

outcome [áutkʌ̀m]
名 結果(≒result)
参 income 所得 ↔ outgo 支出

頻出語

inflict [inflíkt]
動 (嫌なこと・損害などを)与える, 押しつける
◇ inflict an injury on ～「～にけがをさせる」
⇒ **infliction** 名 刑罰 ⇒ **inflictive** 形 苦痛な

resident [rézidənt]
名 居住者(≒inhabitant, dweller)
⇒ **reside** 動 住む(≒live) [rizáid] ⇒ **residence** 名 住居, 居住(地) ⇒ **residential** 形 住居の

obstacle [ábstəkl] アク
名 障害(物)(≒barrier)
◇ meet with obstacles「障害に出合う」

harm [háːrm]
動 ～に害を及ぼす 名 害(≒damage)
◇ do ～ harm「～に害を及ぼす」(↔ do ～ good「～に利益を与える」) ⇒ **harmful** 形 有害の ↔ **harmless** 無害の

重要語

attend [əténd]
動 ❶(～に)注意する(to) ❷(～を)世話する(to)
❸～に出席する
⇒ **attention** 名 注意 ⇒ **attendance** 名 世話, 出席

converse [kənvə́ːrs] アク
形 逆の 動 談話する
⇒ **conversely** 副 逆に
⇒ **conversation** 名 会話

adverse [ædvə́ːrs]
形 逆の(≒contrary), 不利な(≒disadvantageous), 敵意を持つ(≒hostile) ◇ face adverse circumstances「逆境に立ち向かう」 ⇒ **adversity** 名 逆境

avenge [əvéndʒ]
動 ～に仕返しをする(≒revenge, retaliate)
◇ avenge a suicide bombing「自爆テロに報復する」

dissuade [disweíd]
動 ～を説得して思いとどまらせる ↔ **persuade** ～を説得する ◇ dissuade him from leaving school「退学しないように彼を説得する」

必須語

responsibility [rispɑ̀nsəbíləti] 名 責任 参 blame (失敗の) 責任
⇨ **responsible** 形 (～に) 責任がある, (～の) 原因である (for)

duty [djúːti] 名 ❶義務 ❷関税
◇ perform *one's* duty「義務を果たす」

charge [tʃɑ́ːrdʒ] 名 ❶責任 ❷料金 ◇ in charge of ～「～を担当して」
動 ～を (…のことで) 非難する (with)

owe [óu] 動 ～を (…に) 負っている, (…に) (金など) を借りている (to) ◇ owe *one's* existence to ～「～のおかげで存在している」 ◇ owing to ～「～が原因で」

due [djúː] 形 到着予定の, 期限が来た 名 手数料
◇ be due to *do*「～することになっている」
◇ due to ～「～のせいで」

頻出語

blame [bléim] 動 ～を非難する, ～を (…の) せいにする
◇ blame *A* on *B*「*A* を *B* (人) の責任にする」
◇ blame *A* for *B*「*A* (人) を *B* のことで非難する」

accuse [əkjúːz] 動 ～を (…のことで) 非難・告発する (of)
◇ accuse him of breaking his promise「約束を破ったと言って彼を責める」 ⇨ **accusation** 名 非難, 告発

guarantee [gæ̀rəntíː] アク 動 ～を保証する 名 保証 (となるもの)
✔「出演料」を表す「ギャラ」はこの語を略したもの。

ensure [inʃúər] 動 ～を確実にする, ～を保証する
参 insure ～に保険をかける

assure [əʃúər] 動 (…を) (人) に保証する, (…を) (人) に確信させる (of)
⇨ **assurance** 名 保証, 確信 (≒confidence)

重要語

insurance [inʃúrəns] 名 保険 ◇ life insurance「生命保険」
⇨ **insure** 動 ～に保険をかける

certify [sə́ːrtəfài] 動 ～を保証する (≒guarantee)
⇨ **certification** 名 保証, 認可

arbitrary [ɑ́ːrbitrèri] 形 任意の, 独断的な, きまぐれな
◇ make an arbitrary selection「任意に選択する」

必須語

criminal [krímənl]
名 犯罪者　形 犯罪の　↔ **legal** 合法の
⇒ **crime**　名 犯罪 (≒offense)
参 prison 牢獄　参 prisoner 囚人

trace [tréis]
動 ～の跡をたどる　名 跡
◇ trace back to ～「～に遡る」

clue [klú:]
名 手がかり
◇ get a clue to the solution「解明の糸口を得る」
参 crew 乗組員

suspect [səspékt] アク
動 ❶(～を…だと)疑う (of)　❷～だと思う
名 容疑者 [sʌ́spekt]
⇒ **suspicion**　名 疑惑　⇒ **suspicious**　形 疑わしい

頻出語

murder [mə́ːrdər]
名 殺人 (≒homicide)　参 slaughter 大虐殺
◇ commit a murder「殺人を犯す」

detect [ditékt]
動 ～を見つける (≒discover)　⇒ **detection**　名 発見
⇒ **detective**　名 探偵，刑事
◇ a detective story「探偵小説」

arrest [ərést]
動 ～を逮捕する　名 逮捕
◇ arrest a juvenile suspect「未成年の容疑者を逮捕する」

capture [kǽptʃər]
動 ～を捕まえる (≒catch)
⇒ **captive**　名 捕虜，囚人 (≒prisoner)

grab [grǽb]
動 (～を)つかみ取る (≒grasp，snatch)　名 ひったくり
参 glove 手袋 [glʌ́v]

rob [rɑ́b]
動 ～から(…を)奪う (of)
◇ rob a tomb of its treasures「墓から財宝を奪う」
⇒ **robbery**　名 強盗　参 thief 泥棒

重要語

deprive [dipráiv]
動 ～から(…を)奪う (of)
◇ deprive people of their political rights and social status「人々から政治的権利と社会的地位を奪う」

banish [bǽniʃ]
動 ～を追放する
◇ banish smokers from public parks「喫煙者たちを公園から追い出す」

disguise [disgáiz]
名 変装，偽装　動 ～を変装させる，～を隠す
◇ a man in woman's disguise「女装した男」

必須語

regard [rigɑ́:rd]
動 ～を(…と)見なす(as)　名 敬意
◇ as regards ～「～に関しては」
⇒ **regardless** 副 (～に)かかわらず(of)

stare [stéər]
動 (～を)見つめる(at) (≒gaze)
◇ stare at each other「互いに見つめ合う」

visible [vízəbl]
形 目に見える　↔ **invisible** 目に見えない
⇒ **vision** 名 ❶展望　❷視力
⇒ **visual** 形 視覚の，視力の

頻出語

scope [skóup]
名 範囲，視野(≒range)
◇ within the scope of ～「～の範囲内で」

gaze [géiz]
動 (～を)見つめる(at) (≒stare)

glance [glǽns]
動 (～を)ちらりと見る(at)　名 ちらりと見ること
◇ at a glance「一見して」

glimpse [glímps]
名 ちらりと見えること
◇ catch a glimpse of ～「～をちらりと見る」

illusion [ilú:ʒn]
名 錯覚，幻覚(≒delusion)
◇ harbor an illusion「幻想を抱く」

重要語

outlook [áutlùk]
名 見通し，眺望(≒view, prospect)
◇ *one's* outlook on life「～の人生観」

foresee [fɔ:rsí:]
動 ～を予知する(≒predict)
参 provision(～を見越しての)準備，蓄え

intuitive [intjú:itiv]
形 直観的な
⇒ **intuitively** 副 直観的に
⇒ **intuition** 名 直観，洞察力(≒insight)

dementia [diménʃə]
名 認知症　◇ develop dementia「認知症を発症する」

threshold [θréʃhòuld]
名 敷居，始まり(≒beginning)，閾値(刺激に対して反応が現れ始める点)，境界　◇ at the threshold of a new era「新しい時代の始めに」　◇ an absolute threshold「絶対閾値」

必須語

material ㊔❶材料 ❷物質 ◇organic materials「有機物」
[mətíriəl] ㊒物質的な ↔ **spiritual** 精神的な
⇒ **materialism** ㊔物質主義

craft ㊔工芸品，技能 ◇arts and crafts「美術工芸」
[krǽft]

transform ㊍～を(…に)変形・変質させる(into) (≒change)
[trænsfɔ́ːrm] ⇒ **transformation** ㊔変化，変形

construct ㊍～を建設する ↔ **destroy** ～を破壊する
[kənstrʌ́kt] ⇒ **construction** ㊔建設 ↔ **destruction** 破壊
⇒ **constructive** ㊒建設的な ↔ **destructive** 破壊的な

頻出語

architecture ㊔建築(物) (≒building，construction)
[ɑ́ːrkitèktʃər] ⇒ **architect** ㊔建築家

function ㊔機能 ㊍作用・機能する(≒work)
[fʌ́ŋkʃn] ⇒ **functional** ㊒機能的な，実用的な

constitute ㊍～を構成する
[kɑ́nstit*j*ùːt] ⇒ **constitution** ㊔❶構造 ❷憲法
アク

substitute ㊍～を(…の)代わりに用いる(for) ㊔代用品，代理人
[sʌ́bstit*j*ùːt] ⇒ **substitution** ㊔代用
アク

equip ㊍～を(…に)備える(with) (≒furnish)
[ikwíp] ⇒ **equipment** ㊔装備，設備(品)

nursery ㊔保育園，託児所 ◇a nursery school「保育園」
[nə́ːrsəri] ◇a nursery for young criminals「若い犯罪者の温床」
㊫nurse 看護師，保育士

重要語

facility ㊔❶施設 ❷才能 ❸容易さ
[fəsíləti] ◇a medical facility「医療設備」
◇with facility「容易に」(≒with ease)

utility ㊔有用(性)
[juːtíləti] ⇒ **utilize** ㊍～を利用する(≒use)

accommodate ㊍❶～に適応させる ❷～を収容できる
[əkɑ́mədèit] ⇒ **accommodation** ㊔宿泊施設
アク

必須語

graduate [grǽdʒuèit]
動 (〜を)卒業する(from)　名 卒業生
◇ a graduate student「大学院生」（↔ undergraduate「学部学生」）

scholar [skɑ́lər]
名 学者
⇒ **scholarship** 名 奨学金
参 academic 学術的な

educate [édʒəkèit] アク
動 〜を教育する
⇒ **education** 名 教育
⇒ **educational** 形 教育の

admit [ədmít]
動 〜を認める，〜を許す
✔ ○ admit *doing*　× admit to *do*
⇒ **admission** 名 (入場・入学の)許可

頻出語

dictate [díkteit]
動 ❶(〜を…に)書き取らせる(to)　❷(〜を…に)指図する(to)　◇ a dictation test「書き取りテスト」
⇒ **dictator** 名 支配者

submit [səbmít]
動 ❶〜を提出する　❷〜を服従させる，服従する
◇ submit a bill to Congress「法案を(米)議会に提出する」

qualify [kwɑ́ləfài]
動 〜に資格を与える
⇒ **qualification** 名 資格
⇒ **qualified** 形 資格がある

institute [ínstitjùːt] アク
動 (会・制度など)を設立する　名 学会，研究所
⇒ **institution** 名 ❶施設　❷制度

laboratory [lǽbərətɔ̀ːri] アク
名 研究所，実験室
◇ laboratory animals「実験動物」

重要語

enroll(-rol) [inróul]
動 (〜に)入学する(in / at)，〜を登録する

faculty [fǽklti] アク
名 ❶能力(≒ability)　❷学部(≒department)
◇ the faculty of speech「言語能力」
◇ the faculty of law「法学部」

cram [krǽm]
動 〜を詰め込む，詰め込み勉強をする　名 詰め込み勉強
◇ cram for an exam「詰め込みで試験勉強をする」
◇ a crammed schedule「過密スケジュール」

tuition [tjuːíʃn]
名 授業料(≒tuition fee)，指導

必須語

behave [bihéiv] 発音
動 振る舞う ◇ behave *oneself*「行儀良くする」
⇒ **behavior** 名 行動

cooperate [kouɑ́pərèit] アク
動 協力する
⇒ **cooperation** 名 協力(≒collaboration)
⇒ **cooperative** 形 協同の

familiar [fəmíljər] アク
形 (～を)よく知っている，(～と)親しい(with)
⇒ **famìliárity** 名 親しさ

頻出語

intimate [íntəmit] アク
形 親しい(≒familiar)
⇒ **intimacy** 名 親しさ

fellow [félou]
名 ❶仲間(≒companion) ❷男，やつ
◇ a fellow worker(＝co-worker, colleague, peer)「同僚」

greet [gri:t]
動 ～に挨拶する(≒salute)
◇ greet the new year「新年を迎える」
⇒ **greeting** 名 挨拶

encounter [inkáuntər]
動 ～に偶然出会う(≒come across, run across)
◇ encounter a financial crisis「財政危機に直面する」

chatter [tʃǽtər]
動 ぺちゃくちゃしゃべる
参 chat おしゃべりする(≒have a chat)

重要語

bow [báu] 発音
動 ❶お辞儀する ❷(～に)屈する(to)
名 弓 [bóu]

acquaintance [əkwéintəns]
名 知人
⇒ **acquainted** 形 よく知っている
◇ be acquainted with ～「～と知り合いである」

cordial [kɔ́:rdʒəl]
形 心からの
◇ become cordial with one another「互いに親しくなる」

amiable [éimiəbl]
形 愛想の良い，好意的な
◇ an amiable disposition「人に好かれる性格」

nuisance [njú:sns]
名 厄介なもの，迷惑(行為)

必須語

perform [pərfɔ́ːrm]
動 ～を果たす(≒achieve, carry out)
◇ perform a contract「契約を履行する」
⇒ **performance** 名 ❶業績 ❷実行 ❸上演

professional [prəféʃənl]
名 専門家(≒expert, specialist) 形 専門的な
↔ **amateur** 素人(の)
⇒ **profession** 名 専門職業 ⇒ **professor** 名 教授

talent [tǽlənt]
名 才能(≒gift !意外) ◇ a talent for music「音楽の才」

頻出語

efficient [ifíʃnt] アク
形 ❶有能な ❷効率的な(≒effective)
⇒ **efficiency** 名 能率, 効率

fluent [flúːənt]
形 流暢な
⇒ **fluently** 副 流暢に
⇒ **fluency** 名 流暢さ

conceit [kənsíːt]
名 うぬぼれ ⇒ **conceited** 形 うぬぼれている
◇ be conceited of *one's* own talent「自分の才能をうぬぼれる」

extraordinary [ikstrɔ́ːrdənèri] 発音
形 異常な, 非凡な ↔ **ordinary** 普通の
◇ an extraordinary phenomenon「異常現象」

peculiar [pikjúːliər]
形 ❶奇妙な(≒strange, odd) ❷(～に)特有の(to)
⇒ **peculiarity** 名 ❶奇妙さ ❷特性

重要語

conspicuous [kənspíkjuəs]
形 人目を引く, 目立った
⇒ **conspicuously** 副 著しく

aptitude [ǽptitjùːd]
名 才能(≒talent), 適性(≒competence)
◇ an aptitude test「適性検査」

meritocracy [mèritákrəsi] アク
名 能力主義
◇ the principle of meritocracy「能力主義の原則」
参 meritocrat 実力者

explicit [iksplísit]
形 明らかな(≒clear) ↔ **implicit** 暗黙の
◇ an explicit direction「明快な指示」

manifest [mǽnəfèst]
動 ～を明らかにする, ～を明示する 形 明らかな
◇ Manifest Destiny「明白なる天命」(アメリカ西部開拓の標語)

必須語

succeed [səksíːd] 動 ❶(〜に)成功する(in) ❷(〜の)あとを継ぐ(to)
⇨ **success** 名 成功
⇨ **succession** 名 ❶連続 ❷継承

absolutely [ǽbsəlùːtli] アク 副 絶対に ↔ **relatively** 相対的に
⇨ **absolute** 形 絶対的な ↔ **relative** 相対的な

accomplish [əkɑ́mpliʃ] 動 〜を達成する
⇨ **accomplished** 形 熟達した(≒skilled)
⇨ **accomplishment** 名 業績

entire [intáiər] 形 全部の, 完全な(≒whole)
◇ an entire population「全人口」
⇨ **entirely** 副 完全に

頻出語

triumph [tráiəmf] 発音 名 勝利(≒victory) 動 (〜に)勝利する(over)
◇ triumph over (a) disease「病気を克服する」

compete [kəmpíːt] 動 ❶競争する(≒contend) ❷(〜に)匹敵する(with)
⇨ **competition** 名 競争 ⇨ **competitive** 形 競争の
⇨ **competent** 形 能力のある

beat [bíːt] 動 ❶〜を(続けて)打つ ❷〜を打ち負かす
◇ beat an opponent「対戦相手に勝つ」

defeat [difíːt] 動 〜を打ち負かす(≒beat) 名 敗北
◇ defeat an enemy「敵に勝つ」

defect [díːfekt] 名 欠点(≒fault, weakness)
⇨ **defective** 形 欠点のある(≒imperfect)

重要語

opponent [əpóunənt] 名 敵対者(≒rival) ↔ **advocate** 支持者 形 敵対的な
◇ an opponent of capital punishment「死刑反対論者」

contend [kənténd] 動 (〜と)競争する, (〜と)戦う(with)(≒compete)
◇ contend with many difficulties「多くの難題に取り組む」

surpass [sərpǽs] アク 動 〜より勝る
◇ surpass description「筆舌に尽くせない」

ascribe [əskráib] 動 (原因を〜の)せいにする(to)
◇ ascribe *one's* success to luck「自分の成功を幸運のせいにする」

必須語

theme [θiːm] 発音
名 主題，テーマ（≒subject）
◇ write an essay on the theme of ～「～について論文を書く」

describe [diskráib]
動 ～を描写する
⇒ **description** 名 描写
◇ beyond description「言葉で表現できない」

attract [ətrǽkt]
動 ～を引きつける ↔ **distract** ～をそらす
⇒ **attraction** 名 魅力（あるもの）
⇒ **attractive** 形 魅力的な（≒charming）

entertain [èntərtéin]
動 ～を楽しませる
⇒ **entertainer** 名 芸能人
⇒ **entertainment** 名 娯楽

頻出語

fancy [fǽnsi]
動 ～を想像する 名 想像（力）（≒fantasy）
形 ❶装飾的な ❷（考えなどが）気まぐれな

imaginable [imǽdʒinəbl]
形 想像できる
⇒ **imaginary** 形 空想上の ◇ imaginary animals「架空の動物」 ⇒ **imaginative** 形 想像力に富んだ

nightmare [náitmèər]
名 悪夢
◇ be troubled with nightmares「悪夢にうなされる」

evil [iːvl] 発音
名 悪 形 邪悪な
◇ return good for evil「悪に報いるに善をもってする」

重要語

wicked [wíkid] 発音
形 邪悪な（≒evil） ◇ wicked〔evil〕habits「悪習」

draft/draught [drǽft]
名 下書き，草稿 動 ～の下書き・草稿を書く
◇ make a draft of ～「～の下書きをする」

prose [próuz]
名 散文，平凡なもの ↔ **verse** 韻文
◇ lament over the prose of existence「人生の平凡さを嘆く」

rhyme [ráim] 発音
名 韻 ◇ without rhyme or reason「何の理由もなく」

anonymous [ənɑ́nəməs]
形 匿名の ◇ an anonymous author「匿名作者」

必須語

broad [brɔ́:d]
形 (幅が)広い ↔ **narrow** 狭い
参 abroad 外国に
⇨ **breadth** 名 (幅の)広さ(≒width)

elaborate [ilǽbərit] アク
形 精巧な，複雑な(≒complicated)
参 collábořàte 協力する

artificial [ɑ̀:rtəfíʃl]
形 人工の(≒man-made) ↔ **natural** 自然の
◇ an artificial satellite「人工衛星」

extremely [ikstrí:mli]
副 極端に，きわめて
⇨ **extreme** 形 極端な 名 極端

頻出語

profound [prəfáund]
形 深い(≒deep) ↔ **shallow** 浅い
◇ a profound insight「深い洞察」
⇨ **profoundly** 副 深く，極めて

superficial [sù:pərfíʃl] アク
形 表面的な ↔ **thorough** 徹底的な
◇ superficial dimensions「(表)面積」

authentic [ɔ:θéntik]
形 本物の，信頼のおける
◇ an authentic van Gogh「本物のゴッホの作品」

sophisticated [səfístikèitid] アク
形 ❶洗練された ❷高性能の
◇ a highly sophisticated technique「高性能技術」

重要語

enhance [inhǽns]
動 ～を高める(≒elevate)
◇ enhanced safety「向上した安全性」

embody [imbádi]
動 ～を具体化する(≒give shape to)

contrive [kəntráiv]
動 ～を考案する(≒devise, invent)
◇ contrive to *do*「うまく～する」
⇨ **contrived** 形 不自然な

exquisite [ikskwízit]
形 非常に美しい，精巧な(≒perfect, precise)
◇ the exquisite statues of the Renaissance「ルネサンス期の精巧な彫像」

ingenious [indʒí:niəs]
形 巧みな，独創的な 参 genius 天才，才能
◇ an ingenious invention「独創的な発明品」
⇨ **ingenuity** 名 創意

必須語

translate [trænsléit] 動 ～を翻訳・解釈する
◇ translate *A* into *B*「*A* を *B* に変える，*A* を *B* に翻訳する」
⇒ **translation** 名 翻訳，解釈

interpret [intə́ːrprit] アク 動 ～を解釈・通訳する
⇒ **interpretátion** 名 解釈
⇒ **interpreter** 名 通訳(者)

myth [míθ] 名 神話(≒mythology) 参 legend 伝説
◇ a myth of economic growth「経済成長神話」

頻出語

narrative [nǽrətiv] 名 物語 形 物語の
◇ a personal narrative「身の上話」
⇒ **narration** 名 叙述，語り

cite [sáit] 動 ～を引用する
⇒ **citation** 名 引用
参 sight 視野(同音) 参 site 用地(同音)

quote [kwóut] 動 ～を引用する
◇ quote *A* from *B*「*B* から *A* を引用する」
⇒ **quotation** 名 引用

fable [féibl] 名 寓話，作り話
◇ Aesop's fables「イソップ物語」
◇ mere fables「まったくの作り話」

proverb [prάvəːrb] アク 名 ことわざ(≒saying)
⇒ **proverbial** 形 ことわざの
⇒ **proverbially** 副 ことわざにあるように

重要語

maxim [mǽksim] 名 格言，処世訓 ◇ a golden maxim「金言」
参 maximum 最大

anecdote [ǽnikdòut] アク 名 逸話
◇ an anecdote about the celebrity「有名人にまつわる逸話」

recite [risáit] 動 (～を)暗唱・朗読する
⇒ **recital** 名 暗唱，朗読(会)

literature [lítərətʃər] 名 文学
⇒ **literary** 形 文学の，文語の 参 literally 文字どおり

philosophy [filάsəfi] 名 哲学
⇒ **philosophical** 形 哲学の
⇒ **philosopher** 名 哲学者

必須語

typical [típikl] 発音
形 典型的な
◇ be typical of ～「～に特徴的だ」
⇨ **type** 名 型，種類

reasonable [rí:znəbl]
形 道理にかなった，もっともな
⇨ **reason** 名 ❶理性 ❷理由

rational [rǽʃnəl]
形 合理的な ↔ **irrational** 不合理な（≒absurd）
⇨ **rationalism** 名 合理主義

abstract [ǽbstrækt] アク
形 抽象的な ↔ **concrete** 具体的な

brief [brí:f]
形 短い（≒short）
◇ in brief「手短に，要するに」（≒in short）

頻出語

summarize (-rise) [sʌ́mərὰiz]
動 ～を要約する（≒sum up）
⇨ **summary** 名 要約 ◇ in summary「要するに」

seize [sí:z] 発音
動 ❶～をつかむ，～を捕らえる（≒catch） ❷～を理解する
◇ seize control of ～「～を掌握する」

grasp [grǽsp]
動 ❶～をつかむ ❷～を把握・理解する

comprehend [kὰmprihénd] アク
動 ～を理解する
⇨ **comprehensible** 形 理解できる ⇨ **comprehension** 名 理解 ⇨ **comprehensive** 形 広範囲の，包括的な

重要語

apprehend [æ̀prihénd]
動 ❶～を理解する ❷～を逮捕する（≒arrest）
⇨ **apprehension** 名 ❶理解 ❷不安
⇨ **apprehensive** 形 ❶理解の（早い） ❷（～を）心配して

speculate [spékjəlèit]
動 （～について）熟考・推測する（on / about）
⇨ **speculation** 名 熟考，推測

sheer [ʃiər]
形 まったくの
◇ This story is a sheer fiction.「この物語はまったくのフィクションです」

marginal [mɑ́:rdʒənl]
形 重要でない，ささいな（≒trivial）
⇨ **margin** 名 ❶縁 ❷余白 参 verge 縁

必須語

discuss [diskʌ́s]
動 ～を議論する ✔ 他動詞なので discuss about ～ は不可
⇒ **discussion** 名 議論

persuade [pərswéid]
動 ～を説得する
◇ persuade *A* to *do*〔into *doing*〕「*A* を説得して～させる」
⇒ **persuasion** 名 説得 ⇒ **persuasive** 形 説得力のある

persist [pərsíst]
動 ❶～と言い張る (≒insist) ❷(～に)固執する (in)
⇒ **persistence** 名 固執
⇒ **persistent** 形 しつこい

insist [insíst]
動 ❶(～を)主張・要求する (on) ❷言い張る
◇ insist that S (should) *do*「S が～することを要求する」

resist [rizíst]
動 (～に)抵抗する
◇ resist an impulse to *do*「～したい衝動を抑える」
⇒ **resistance** 名 抵抗

頻出語

protest [prətést] アク
動 ❶(～に)抗議する (against) ❷～を主張する
名 抗議 [próutest]

condemn [kəndém] 発音
動 ～を非難する (≒blame)
◇ condemn *A* for *B*「*A* を *B* の理由で非難する」

approve [əprúːv] 発音
動 ～を承認する ↔ **disapprove** ～を否認する
⇒ **approval** 名 承認

dispute [dispjúːt]
動 (～を)議論する 名 議論 (≒argument, controversy)
◇ dispute the major problem「大問題について討論する」
◇ dispute with *A* about *B*「*A*(人)と *B* について論争する」

重要語

controversy [kɑ́ntrəvə̀ːrsi] アク
名 論争 (≒argument)
⇒ **controversial** 形 議論の余地のある

conservative [kənsə́ːrvətiv]
形 保守的な ↔ **progressive** 進歩的な
⇒ **conserve** 動 ～を保存・保護する ⇒ **conservation** 名 保存, 保護 ⇒ **conservationist** 名 (環境)保護論者

valid [vǽlid]
形 (契約・議論が)有効・妥当な ↔ **invalid** 無効の, 病弱な
◇ This ticket is valid until tomorrow.「このチケットは明日まで有効です」

induce [indjúːs]
動 ❶(…するよう)～を説得する (to *do*) (≒persuade)
❷～を引き起こす
⇒ **induction** 名 帰納(法) ↔ **deduction** 演繹(法)

必須語

respond [rispɑ́nd]
動 ❶(～に)返答する(to) ❷(～に)反応する(to)(≒react)
⇨ **response** 名 反応(≒reaction)

reply [riplái]
動 (～に)返答する(to)(≒answer) 名 返答
◇ reply to an e-mail「メールに返信する」

complain [kəmpléin]
動 不平を言う
◇ complain to *A* of〔about〕*B*「*A* に *B* のことで不平を言う」
⇨ **complaint** 名 不平，文句

quarrel [kwɔ́:rəl]
名 口論 動 口論する
◇ make up a quarrel with ～「～と仲直りする」

scream [skrí:m]
名 叫び声 動 叫ぶ
◇ scream for help「救いを求めて叫ぶ」

頻出語

utter [ʌ́tər] アク
動 (声・言葉など)を発する 形 まったくの
⇨ **utterance** 名 言葉
⇨ **utterly** 副 まったく

whisper [*h*wíspər]
動 (～を)ささやく
◇ whisper a threat to ～「～をそっと脅す」
参 murmur (～を)つぶやく

exclaim [ikskléim]
動 叫ぶ(≒cry，shout)
✔「！」は an exclamation mark「感嘆符」

yell [jél]
動 叫ぶ，どなる(≒cry，shout，scream) 名 叫び声
◇ yell for help「大声で助けを求める」

重要語

fuss [fʌ́s]
名 大騒ぎ
◇ make a fuss about nothing「から騒ぎする」
◇ be in a fuss about ～「～で大騒ぎしている」

sigh [sái] 発音
名 ため息 動 ため息をつく，～とため息まじりに言う
◇ sigh with relief「安堵のため息をつく」
参 thigh 大腿

flatter [flǽtər]
動 ～にお世辞を言う ◇ flatter *oneself*「うぬぼれる」
⇨ **flattery** 名 お世辞
参 flutter 羽ばたく，はためく

compliment [kɑ́mpləmənt]
名 賛辞 動 ～をほめる [kɑ́mpləmènt]
参 complement 補完物(同音)

必須語

annoy [ənɔ́i]
動 ～を困らせる（≒bother, worry）
◇ be annoyed with ～「～に腹を立てている」
⇒ **annoyance** 名 困惑

apologize（-gise） [əpɑ́lədʒàiz]
動（～に…のことで）謝る（to ～ for …）
⇒ **apology** 名 謝罪

permit [pə*r*mít]
動 ～を許す
◇ permit *A* to *do*「*A* に～するのを許す」
⇒ **permission** 名 許可

boast [bóust]
動（～を）自慢する（of）

appreciate [əprí:ʃièit] アク
動 ❶～を（正しく）評価する ❷～を感謝する
⇒ **appreciation** 名 ❶評価，鑑賞 ❷感謝

頻出語

evaluate [ivǽljuèit]
動 ～を評価する（≒estimate）
⇒ **evaluation** 名 評価

praise [préiz]
動 ～を（…のことで）ほめる（for）

cherish [tʃériʃ]
動 ～を大切にする

重要語

reproach [ripróutʃ]
名 非難 動 ～を非難する（≒blame）
◇ reproach *A* for *B*「*A* を *B* のことで非難する」

endorse [indɔ́:*r*s]
動 ～を承認する（≒admit），支持する（≒support）
◇ endorse structural reforms「構造改革を支持する」

embrace [imbréis]
動 ❶～を抱きしめる（≒hug） ❷（思想・考えなど）を受け入れる
名 抱擁

applaud [əplɔ́:d]
動 ～を賞賛する（≒praise），～に拍手を送る
⇒ **applause** 名 拍手喝采，賞賛

indulge [indʌ́ldʒ]
動 ❶（～に）ふける（in） ❷～を甘やかす（≒spoil）
⇒ **indulgence** 名 ❶ふけること ❷甘やかすこと
⇒ **indulgent** 形（～に）甘い

必須語

arrange [əréindʒ]
動 (～を)整える，～を配置する
⇨ **arrangement** 名 整理，配置，準備

drag [drǽg]
動 ～を引きずる，～を引っ張り込む
参 drug 薬

replace [ripléis]
動 ～を(…と)取り替える(with)
⇨ **replacement** 名 交代

cast [kǽst]
動 ～を投げる 名 配役
◇ cast a doubt on ～「～に疑問を投げかける」

twist [twíst]
動 ～をねじる
◇ twist *one's* statement「～の発言を歪める」
参 distort ～を歪める

頻出語

bend [bénd]
動 ～を曲げる ◇ bend *one's* head「お辞儀する」
参 vend ～を販売する ◇ a vending machine「自動販売機」

fold [fóuld]
動 ～を折りたたむ
参 twofold 2倍の 参 manifold 多様な
参 hold ～を持っている

envelop [invéləp] アク
動 ～を包む
参 énvelòpe 封筒

undo [ʌndúː]
動 ～を取り消す，～をほどく
◇ undo a knot「結び目をほどく」
⇨ **undone** 形 ❶ほどけた ❷なされていない，未完の

重要語

withdraw [wiðdrɔ́ː]
動 ❶～を引っ込める，(発言など)を取り消す ❷～を退かせる，退く ❸(～から預金)を引き出す(from)
⇨ **withdrawal** 名 ❶取り消し ❷撤退

barter [báːrtər]
名 物々交換 動 ～を物々交換する
◇ barter *A* for *B*「*A* と *B* を物々交換する」

thread [θréd] 発音
名 糸 ◇ a fine thread「細い糸」

fabric [fǽbrik]
名 ❶織物 ❷構造 ◇ weave a fabric「織物を織る」

必須語

ecological 形 生態(学)の
[iːkəlɑ́dʒikl]
⇒ **ecology** 名 生態学，生態系
⇒ **ecologist** 名 生態学者 参 ecosystem 生態系

adapt 動 ～を適合させる ◇ adapt *oneself* to ～「～に順応する」 ⇒ **adaptable** 形 順応性のある
[ədǽpt]
⇒ **adaptation** 名 適合，順応 参 adopt ～を採用する

species 名 種(しゅ) ◇ species diversity「種の多様性」
[spíːʃiːz]

頻出語

creature 名 生物
[kríːtʃər]
発音
⇒ **create** 動 創造する [kriéit]
⇒ **creation** 名 創造

erosion 名 侵食
[iróuʒn]
◇ accelerate the erosion process「侵食過程を加速する」
参 decay 腐食(する)

plague 名 伝染病(≒epidemic) 動 ～を悩ます
[pléig]
◇ The plague is spreading.「その伝染病は蔓延しつつある」
◇ be plagued by a headache「頭痛に悩まされる」

track 動 ～の跡を追う(≒trace) 名 小道，通った跡
[trǽk]

chaos 名 混沌，カオス ↔ **cosmos** [kɑ́zməs] 秩序，宇宙
[kéiɑs]
発音
⇒ **chaotic** 形 混沌とした

重要語

diversity 名 多様性 ◇ a diversity of ～「さまざまな～」
[divə́ːrsəti]
⇒ **diverse** 形 多様な(≒various)
⇒ **diversely** 副 多様に

mutate 動 (突然)変異する
[mjúːteit]
◇ mutate into a new form「新しい形に変わる」
⇒ **mutant** 名 突然変異体

vulnerable 形 (～に)傷つきやすい(to)，弱い
[vʌ́lnərəbl]
◇ a vulnerable species「危急種」

extinct 形 絶滅した
[ikstíŋkt]
◇ go〔become〕 extinct＝die out「絶滅する」
⇒ **extinction** 名 絶滅

habitat 名 生息地
[hǽbitæ̀t]
参 inhabitant 住民 参 inhabit ～に住む(≒live in)

必須語

pollution 名 **汚染**
[pəlúːʃn]
⇨ **pollute** 動 ～を汚染する
⇨ **pollutant** 名 汚染物質

resource 名 **資源** ◇ natural resources「天然資源」
[ríːsɔːrs]
⇨ **resourceful** 形 ❶資源の豊富な ❷機知に富んだ

nuclear 形 **核の**，原子力の
[njúːkliər]
◇ a nuclear energy plant「原子力発電所」
参 radiation 放射（能） 参 radioactive 放射性の

頻出語

exhaust 動 **❶～を疲れさせる**（≒tire） ❷使い果たす
[igzɔ́ːst]
発音
⇨ **exhaustion** 名 ❶（極度の）疲労 ❷枯渇
⇨ **exhaustive** 形 徹底的な

abundant 形 **豊富な** ↔ **scarce** 乏しい
[əbʌ́ndənt]
⇨ **abundance** 名 豊富
参 abandon ～を見捨てる

nurture 動 **～を育てる**
[nə́ːrtʃər]
◇ nurture young writers「若い作家を育てる」

exterminate 動 **～を絶滅させる**（≒extinguish）
[ikstə́ːrmənèit]
◇ exterminate insects「虫を根絶する」
参 extinct 絶滅した

soil 名 **土壌** ◇ soil erosion「土壌侵食」
[sɔ́il]
◇（a） fertile soil＝（a） rich soil「沃土」

重要語

crude 形 **天然のままの**，生（なま）の，粗雑な
[krúːd]
◇ crude oil「原油」

filthy 形 **汚れた**，不潔な（≒dirty）
[fílθi]
◇ filthy water「汚水」

rubbish 名 **くず**，ごみ（≒garbage，trash，litter）
[rʌ́biʃ]
◇ a rubbish disposal site「ごみ処分場」

emit 動 **～を発する**
[imít]
⇨ **emission** 名 排気（ガス）
◇ emission control「排ガス規制」

toxic 形 **有毒な**（≒poisonous） ◇ toxic gases「有毒ガス」
[táksik]

必須語

element [éləmənt]
名 要素，元素
◇ an element compound「元素化合物」
⇒ **elementary** 形 基本の（≒primary）

substance [sʌ́bstəns] アク
名 ❶物質（≒material） ❷内容（≒content）
⇒ **substántial** 形 かなりの（≒considerable）

solid [sɑ́lid]
形 ❶固体の ❷たしかな 名 固体
参 liquid 液体 参 gas 気体

vapor(-pour) [véipər]
名 蒸気 ◇ change into vapor「蒸気に変わる」
参 evaporate 蒸発する，～を蒸発させる

compose [kəmpóuz]
動 (～を)構成する ◇ be composed of ～「～から成る」
⇒ **composition** 名 ❶構成 ❷作文 ❸作曲 ❹気質
⇒ **composer** 名 作曲家

頻出語

oxygen [ɑ́ksidʒən]
名 酸素
✔〈気体〉 hydrogen 水素（H） nitrogen 窒素（N）
carbon dioxide 二酸化炭素（CO_2）

resolve [rizɑ́lv]
動 ❶～を決心する ❷～を解決する ❸～を分解する
⇒ **resolution** 名 ❶決意 ❷解決（≒solution） ❸分解

dissolve [dizɑ́lv]
動 ❶～を溶かす，溶ける ❷(～を)解散する
⇒ **dissolution** 名 ❶溶解 ❷解散

absorb [əbzɔ́ːrb]
動 ～を吸収する ◇ be absorbed in ～「～に夢中になる」
⇒ **absorption** 名 吸収

重要語

ray [réi]
名 光線（≒beam）
◇ X-ray「X線」 ◇ ultraviolet (UV) rays「紫外線」

particle [pɑ́ːrtikl]
名 粒子，微量
◇ particles of asbestos「アスベスト粉塵」

molecule [mɑ́ləkjùːl]
名 分子
参 atom 原子 参 element 元素

fluid [flúːid]
形 流動体の 名 流動体
◇ fluid dynamics「流体力学」

必須語

observe [əbzə́ːrv] 動 ❶(～を)観察する ❷(法律など)を守る
⇒ **observance** 名 (法律などの)遵守
⇒ **observation** 名 観察 ⇒ **observer** 名 観察者，立会人

identify [aidéntəfài] 動 ❶～を確認する ❷～を(…と)同一視する(with)
⇒ **identical** 形 同一の
⇒ **identification** 名 身分証明 ⇒ **identity** 名 独自性

experiment [ikspérimènt] 動 実験する 名 実験 [ikspérəmənt]
⇒ **experimental** 形 実験の
参 experience 経験(する)

analysis [ənǽləsis] アク 名 分析 ✔ 複数形は analyses ↔ **synthesis** 総合
⇒ **analyze** 動 ～を分析する ↔ **synthesize** ～を総合する

頻出語

examine [igzǽmin] 動 ～を調査・検査する(≒test)
⇒ **examination** 名 試験，検査
◇ under examination「調査中で」

inspect [inspékt] 動 ～を検査する，～を詳しく調べる(≒look into)
⇒ **inspection** 名 検査，調査

investigate [invéstigèit] 動 ～を調査する
⇒ **investigation** 名 調査

microscope [máikrəskòup] 名 顕微鏡 参 telescope 望遠鏡
◇ adjust a microscope「顕微鏡を調整する」
⇒ **microscopic** 形 微小の

重要語

homogeneous [hòumədʒíːniəs] 形 同質の ↔ **heterogeneous** 異質の
◇ a homogeneous constituent「均一成分」

scrutiny [skrúːtəni] 名 精査(≒inspection, investigation)，監視(≒monitoring)
◇ be under scrutiny「監視されている」

probe [próub] 動 ～を調査する 名 調査
⇒ **probable** 形 ありそうな
参 prove ～を証明する [prúːv]

extract [ikstrǽkt] 動 ❶～を引き出す ❷～を抜粋する
名 ❶抽出物 ❷抜粋 [ékstrækt]

discern [disə́ːrn] 動 ～を識別する ◇ discern *A* from *B*「*A* と *B* を識別する」 ⇒ **discernible** 形 識別できる
↔ **indiscernible** 見分けのつかない

必須語

rare [réər]
形 ❶まれな ❷生焼けの ◇ rare animals「希少動物」
⇒ **rarely** 副 めったに〜しない（≒seldom）

accompany [əkʌ́mpəni]
動 ❶〜に同伴する ❷〜に付随して起こる
◇ She was accompanied by her mother.「彼女は母親同伴だった」

incident [ínsidənt]
名 出来事（≒event），事件
⇒ **incidental** 形 付随的な，偶然の

accidental [æ̀ksidéntl]
形 偶然の 参 occidental 西洋の
⇒ **accident** 名 ❶事故 ❷偶然
◇ by accident＝by chance「偶然に」

頻出語

casual [kǽʒuəl]
形 ❶偶然の（≒accidental） ❷気楽な（≒informal）
⇒ **casualty** 名 死傷者 ✔「偶然の事故に遭った人」のニュアンス

parallel [pǽrəlèl]
形 平行の 名 平行 動 ❶〜と平行する ❷〜に対応する
◇ parallel political interests「共通の政治的利害」

coincide [kòuinsáid]
動（〜と）一致する（with）
◇ coincide with reality「現実と一致する」 ⇒ **coincidence** 名 偶然の一致 ◇ What a coincidence !「奇遇だな！」

sequence [síːkwəns]
名 連続 ◇ a sequence of 〜「一連の〜」
参 consequence 結果

重要語

subsequent [sʌ́bsikwənt] アク
形 後に続く ◇ the subsequent year「次年度」
⇒ **subsequence** 名 結果
参 following 次の，以下の

simultaneous [sàiməltéiniəs] 発音
形 同時の
◇ simultaneous interpretation「同時通訳」
⇒ **simultaneously** 副 同時に

recur [rikə́ːr]
動 再発する
◇ recur after transplantation「移植後に再発する」
⇒ **recurrence** 名 再発

spontaneous [spɑntéiniəs]
形 自発的な，自然の

correspond [kɔ̀ːrəspɑ́nd]
動 ❶（〜に）相当・一致する（to）
❷（〜と）文通する（with） ⇒ **correspondent** 名 通信員
⇒ **correspondence** 名 ❶一致，対応 ❷文通

必須語

mass [mǽs]
名 **大量**，大衆
◇ weapons of mass destruction「大量破壊兵器」
⇒ **massive** 形 大量の

broadcast [brɔ́ːdkæ̀st]
動 **(〜を)放送する** 名 放送
◇ be broadcast by satellite「衛星放送される」

affair [əféər]
名 **事柄**(≒matter, concern)
◇ foreign affairs「外交問題」
◇ on business affairs＝on business「商用で」

source [sɔ́ːrs]
名 **源** ◇ news sources「ニュースの取材源」
参 sauce ソース [sɔ́ːs]

頻出語

notorious [noutɔ́ːriəs]
形 **悪名高い**(≒infamous)
◇ be notorious for 〜「〜で悪名高い」

fame [féim]
名 **名声** ◇ come to fame「有名になる」
⇒ **famous** 形 有名な ↔ **nameless** 無名の
↔ **infamous** 悪名高い(≒notorious) [ínfəməs]

reputation [rèpjətéiʃn]
名 **評判** 参 repetition 繰り返し
⇒ **reputable** 形 立派な，評判のよい

disclose [disklóuz]
動 **〜を明らかにする**(≒reveal)
⇒ **disclosure** 名 開示，発表
参 enclose 〜を囲む

重要語

prestige [prestíːʒ]
名 **名声** 形 評判の高い
◇ enroll at a prestige college「名門大学に入学する」

conceal [kənsíːl]
動 **〜を隠す**(≒hide)

divert [divə́ːrt]
動 **〜をそらす**
◇ divert public attention from 〜「〜から世間の注目をそらす」 ⇒ **diversion** 名 転換，気晴らし

corrupt [kərʌ́pt]
動 **〜を堕落させる** 形 腐敗した
◇ a corrupt politician「堕落した政治家」
⇒ **corruption** 名 腐敗

bribe [bráib]
名 **賄賂** 動 〜を買収する
◇ take〔offer〕a bribe「賄賂を受け取る〔贈る〕」

必須語

trade [tréid] 動～を貿易・取引する 名貿易，商売
◇ trade *A* for *B*「*A* を *B* と交換する」 ◇ protected trade「保護貿易」 ⇒ **trader** 名(貿易)業者

deficit [défəsit] 名赤字額，欠点
◇ a deficit in the balance of payments「国際収支の赤字」
⇒ **deficient** 形欠けた，不十分な

corporation [kɔ̀ːrpəréiʃn] 名会社(≒company, firm)
◇ run a corporation「会社を経営する」

頻出語

proceed [prəsíːd] 動進む
◇ proceed to some extent「ある程度まで進む」

promote [prəmóut] 動～を促進する，～を昇進させる
↔ **degrade** ～を降格する
⇒ **promotion** 名促進，昇進

advertise(-tize) [ǽdvərtàiz] 動～を広告する
⇒ **advertisement** 名広告

friction [fríkʃn] 名摩擦
◇ economic friction between Japan and U. S.「日米の経済摩擦」 参 fraction ごく少量，分数

agency [éidʒənsi] 名❶仲介，媒介，作用 ❷代理店
◇ a travel agency「旅行代理店」
⇒ **agent** 名❶代理店，代理人 ❷作用因子

重要語

strategy [strǽtədʒi] 名戦略，方針(≒measures, policy)
◇ a strategy for intellectual property「知的財産戦略」
参 tactics 戦術

exert [igzə́ːrt] 発音 動(力など)をはたらかせる ◇ exert *oneself*「尽力する」
⇒ **exertion** 名努力(≒effort)

reinforce [rìːinfɔ́ːrs] 発音 動～を強化する
◇ reinforce *one's* health「健康を増進する」

queer [kwíər] 形変な(≒strange)
◇ The transaction struck me as queer.「私にはその取引が怪しげに思えた」

violate [váiəlèit] 動～に違反する，～を侵害する
◇ violate *one's* privacy「～のプライバシーを侵す」
⇒ **violation** 名違反，侵害

必須語

advantage [ədvǽntidʒ] 名 利点，優位 ↔ **disadvantage** 不利なこと
◇ take advantage of ～「～を利用する」
⇒ **advantageous** 形 有利な

benefit [bénəfit] アク 名 利益（≒profit） 動 利益を得る
⇒ **beneficial** 形 有益な（≒useful）

profit [práfit] 名 利益 ↔ **loss** 損失
⇒ **profitable** 形 有益な（≒useful, beneficial）

maximum [mǽksəməm] 名 最大 ↔ **minimum** 最小 参 maxim 格言
✔ 複数形は maxima（↔ minima）
⇒ **maximal** 形 最大の ↔ **minimal** 最小の

calculate [kǽlkjəlèit] 動 ❶（～を）計算する ❷（～を）当てにする（on）
⇒ **calculation** 名 計算
⇒ **calculator** 名 計算機，電卓

頻出語

figure [fígjər] 名 ❶数字 ❷図（形） ❸姿，人物
動 ～を計算・想像する
◇ figure out ～「～を理解する」

fee [fíː] 名 料金，謝礼，（専門家の）報酬 ◇ tuition fees「授業料」
◇ calculate fees「料金を計算する」
参 charge 手数料

multiply [mʌ́ltəplài] 動 ❶～を増やす ❷（数を）掛ける
⇒ **multiple** 形 多様な，複合的な
⇒ **multiplication** 名 ❶増加 ❷掛け算

diminish [dimíniʃ] 動 ～を減らす，減る（≒decrease）
↔ **increase** ～を増やす，増える

重要語

extinguish [ikstíŋgwiʃ] 動（火・明かり）を消す，～を絶やす
⇒ **extinguisher** 名 消火器

reckon [rékən] 動 ❶～を（…と）考える（as）
❷（～を）当てにする（on）（≒count on） ❸～を計算する

manipulate [mənípjəlèit] アク 動 ～を操作する
◇ manipulate a machine「機械を操作する」
⇒ **manipulation** 名 操作

deposit [dipázit] 名 預金
動 ～を預金する ↔ **withdraw**（預金）を引き出す
◇ deposit money in a bank「銀行に預金する」

必須語

labor (-bour) [léibər] 名 **労働** (≒work) 動 努力する
⇒ **laborer** 名 労働者 ⇒ **laborious** 形 骨の折れる, 困難な ⇒ **laboratory** 名 研究所, 実験室

earn [ə́ːrn] 動 **〜を稼ぐ**
◇ earn a living「生計を立てる」
⇒ **earning** 名 (〜s) 所得 (≒income)

income [ínkʌm] 名 **収入**, 所得 ↔ **outgo** 支出
◇ live within *one's* income「収入の内で暮らす」
参 outcome 結果

employ [implɔ́i] アク 動 **❶〜を雇う** ❷〜を使用する
⇒ **employee** 名 従業員 ⇒ **employer** 名 雇用主
⇒ **employment** 名 雇用 ↔ **unemployment** 失業

retire [ritáiər] 動 **引退する** 名 引退
◇ retire from *one's* job「退職する」
⇒ **retirement** 名 引退

頻出語

resign [rizáin] 発音 動 **(〜を) 辞める** (≒quit, retire)
◇ resign from *one's* position「辞職する」
⇒ **resignation** 名 辞職

dismiss [dismís] 動 **❶〜を解雇する** (≒fire) ❷ (考え・提案など) を退ける
⇒ **dismissal** 名 解雇 ↔ **employment** 雇用

wage [wéidʒ] 名 **賃金** ✔ 主に肉体労働の給料
◇ get high wages「高給を取る」
参 salary (公務員・会社員などの) 給料

重要語

pension [pénʃn] 名 **❶年金** ❷下宿屋
◇ live on *one's* pension「年金で暮らす」
⇒ **pensioner** 名 年金生活者

vocation [voukéiʃn] 名 **職業** (≒career)
⇒ **vocational** 形 職業の
◇ a vocational counselor「職業相談員」

toil [tɔ́il] 動 **精を出して働く** 名 骨折り
◇ toil away at work all week「１週間ずっとこつこつ働く」

predecessor [prédəsèsər] 名 **前任者** ↔ **successor** 後継者
✔ 前後逆のアクセントもあり

exploit [iksplɔ́it] 動 **❶〜を開発・利用する** **❷〜を搾取する**
◇ exploit a worker「労働者を酷使・搾取する」
⇒ **exploitation** 名 ❶開発 ❷搾取

必須語

wealth [wélθ]
名 **富**，富裕
◇ Wealth makes worship.「富があれば尊敬される」
⇒ **wealthy** 形 富裕な（≒rich）

possess [pəzés] アク
動 **〜を所有する**（≒have）
⇒ **possession** 名 所有，（通例 〜s）財産

debt [dét] 発音
名 **借金** ↔ **loan** 貸付金
◇ be in debt「借金している」

頻出語

poverty [pɑ́vərti]
名 **貧困** ↔ **wealth** 富裕
◇ live in poverty「貧乏暮らしをしている」

coarse [kɔ́ːrs]
形 **粗末な** ◇ a coarse diet「粗食」

frugal [frúːgl]
形 **倹約する**，質素な
◇ be frugal with *one's* expenses「支出を節約する」

heir [éər] 発音
名 **相続人** 参 air 空気（同音）
◇ an heir to a great estate「莫大な財産の相続人」

heritage [héritidʒ]
名 **遺産**（≒inheritance）
⇒ **heir** 名 相続人

重要語

inherit [inhérit]
動 **〜を受け継ぐ**
◇ inherit a legacy「遺産を相続する」
⇒ **inheritance** 名 相続

posterity [pɑstérəti]
名 **子孫** ↔ **ancestry** 祖先
◇ go down to posterity「子々孫々まで伝わる」

legacy [légəsi]
名 **遺産**（≒heritage）
◇ a handsome legacy「相当な遺産」

asset [ǽset]
名 ❶**資産** ❷利点
◇ intangible assets「無形資産」

estate [istéit]
名 **地所**，財産（≒property）
◇ real estate「不動産」 ◇ personal estate「動産」

必須語

circumstance 名 環境，状況(≒situation)
[sə́ːrkəmstæ̀ns] アク
◇ That depends on circumstances.「時と場合による」

surround 動 〜を囲む
[səráund]
⇒ **surrounding** 名 (〜s) 環境，周囲

adopt 動 ❶〜を採用する ❷〜を養子にする
[ədɑ́pt]
✔ adapt [ədǽpt]「〜を適合させる」との発音のちがいに注意
⇒ **adoption** 名 ❶採用 ❷養子縁組

fortune 名 ❶運(≒luck) ❷財産(≒property) ↔ **misfortune** 不運
[fɔ́ːrtʃən]
⇒ **fortunate** 形 幸運な
⇒ **fortunately** 副 幸運にも

頻出語

fatal 形 致命的な(≒deadly, mortal)
[féitl]
◇ a fatal disease「不治の病」
⇒ **fate** 名 運命(≒destiny, doom)

undergo 動 〜を経験する(≒experience, go through)
[ʌ̀ndərgóu]

recall 動 〜を思い出す(≒remember)
[rikɔ́ːl]
◇ recall the sweet memories「あの懐かしい記憶を思い出す」

biography 名 伝記
[baiɑ́grəfi] アク
参 autobiography 自伝

重要語

cradle 名 ❶ゆりかご ❷(the 〜) 幼年期
[kréidl]
◇ from the cradle to the grave「ゆりかごから墓場まで」

infant 名 幼児
[ínfənt]
⇒ **infancy** 名 ❶幼年期 ❷(*one's* 〜) 初期
参 juvenile 少年少女(の)

juvenile 形 年少者の，少年少女の
[dʒúːvənl] 発音 アク
◇ a juvenile delinquent「非行少年」 ＊delinquent「違法者」

adolescence 名 青年期
[æ̀dəlésns]
⇒ **adolescent** 形 青年(期)の 名 青年
参 adulthood 成人期

mature 形 成熟した ↔ **immature** 未熟な 動 成熟する
[mətjúər]
⇒ **maturity** 名 成熟

必須語

attempt [ətémpt]
動 ～を試みる，（～）しようとする（to *do*） 名 試み
◇ make an attempt to *do*＝attempt to *do*「～しようと試みる」

struggle [strʌ́gl]
名 奮闘 動 もがく，努力する
◇ the struggle for existence「生存競争」

eager [íːgər]
形 熱心な
◇ be eager to *do*「熱心に～する」
⇨ **eagerness** 名 熱意

頻出語

curious [kjúəriəs]
形 好奇心の強い
⇨ **curiósity** 名 好奇心

indifferent [indífərənt]
形 無関心の（≒incurious）
⇨ **indifference** 名 無関心

innocent [ínəsnt]
アク
形 無邪気な，無罪の
⇨ **innocence** 名 無邪気，無罪

spoil [spɔ́il]
動 ❶～を台無しにする ❷～を甘やかす
❸（食べ物などが）だめになる

futile [fjúːtl]
発音
形 無駄な（≒useless, fruitless）
◇ a futile effort to *do*「～しようという無駄な努力」

重要語

mortal [mɔ́ːrtl]
形 ❶死ぬ運命の ❷人間の ↔ **immortal** 不滅の
◇ a mortal injury「致命傷」

perish [périʃ]
動 滅びる，死ぬ
◇ Perish the thought.「とんでもない」
◇ perish in the fire「焼失する」

funeral [fjúːnərəl]
名 葬式
参 burial 埋葬 [bériəl]

solemn [sɑ́ləm]
発音
形 厳粛な，荘厳な（≒grave）
◇ a solemn ceremony「厳粛な儀式」

ritual [rítʃuəl]
形 儀式的な 名 儀式，しきたり
◇ a daily ritual「日々の習慣」
⇨ **rite** 名 儀式（≒ceremony）

必須語

compare [kəmpéər]
㊍ ❶～を(…と)比較する(with / to) ❷～を(…に)たとえる(to) ⇒ **cómparable** ㊏ 比較できる，匹敵する
⇒ **comparison** ㊔ 比較

relative [rélətiv]
㊏ 相対的な ↔ **absolute** 絶対的な ㊔ 親戚
⇒ **relatively** ㊓ 比較的に ⇒ **relativity** ㊔ 相関性
◇ the theory of relativity「相対性理論」

separate [sépərit] アク
㊏ 分かれた ㊍ ～を分ける [sépərèit]
◇ separate *A* from *B*「*A* を *B* と区別する」

divide [diváid]
㊍ ～を分ける(≒separate)
⇒ **division** ㊔ ❶分割 ❷割り算 [divíʒn]
✔〈計算〉 addition / subtraction / multiplication / division「加 / 減 / 乗 / 除」

divorce [divɔ́ːrs]
㊔ 離婚 ↔ **marriage** 結婚 ㊍ ～と離婚する
◇ a divorce court「離婚裁判所」

頻出語

provoke [prəvóuk]
㊍ ❶～を引き起こす ❷～を怒らせる
◇ provoke an international crisis「国際的危機を引き起こす」

offend [əfénd]
㊍ ❶～を怒らせる ❷(～に)違反する(against)
⇒ **offense** ㊔ ❶犯罪 ❷攻撃
⇒ **offensive** ㊏ ❶不快な ❷攻撃の

disgust [disgʌ́st]
㊍ ～をむかつかせる
⇒ **disgusting** ㊏ 気分の悪くなる

hatred [héitrid] 発音
㊔ 嫌悪
⇒ **hate** ㊍ ～を嫌う(≒dislike)

重要語

isolate [áisəlèit]
㊍ ～を孤立させる
⇒ **isolated** ㊏ 孤立した(≒lonely)
⇒ **isolation** ㊔ 孤立

split [split]
㊍ ～を割る，分かれる
◇ Let's split the bill.「割り勘にしよう」

discard [diskáːrd]
㊍ ～を捨てる
✔ dis-「分離」＋ -card「(トランプの)札」⇒札を「捨てる」イメージ

dispose [dispóuz]
㊍ ❶(～を)処理する(of) ❷～を(…する)気にさせる(to *do*) ⇒ **disposer** ㊔ 生ごみ処理器
⇒ **disposal** ㊔ 処理

必須語

propose [prəpóuz]
動 (～を)提案する
◇ propose that S (should) *do*「～するよう提案する」
⇒ **proposal** 名 提案 ⇒ **proposition** 名 提案，命題

instruct [instrʌ́kt]
動 ～を指導する
⇒ **instruction** 名 指導 ⇒ **instructor** 名 指導者
⇒ **instructive** 形 ためになる

assist [əsíst]
動 ～を助ける(≒help)
⇒ **assistance** 名 助力
⇒ **assistant** 名 援助者

neat [ní:t]
形 きちんとした
◇ keep a room neat「部屋を整えておく」

頻出語

modest [mádist]
形 控えめな
◇ live in a modest house「質素な家に住む」

decent [dí:snt]
形 きちんとした，礼儀正しい，まあまあの
◇ gain a decent income「まずまずの収入を得る」
◇ a decent treatment「適切な治療」

polite [pəláit]
形 礼儀正しい ↔ **impolite** 無礼な(≒rude)
⇒ **politeness** 名 礼儀正しさ

courtesy [kə́:rtəsi]
名 礼儀正しさ ↔ **discourtesy** 不作法
⇒ **courteous** 形 礼儀正しい(≒polite)
参 manner 方法，manners 行儀

rigid [rídʒid]
形 堅い(≒stiff)，厳格な(≒strict) ↔ **flexible** 柔軟な

重要語

discipline [dísəplin]
名 訓練，しつけ
動 ～を訓練する，～をしつける
⇒ **disciple** 名 弟子 [disáipl]

norm [nɔ́:rm]
名 ❶基準(≒standard) ❷規範
⇒ **normal** 形 普通の，正常な ↔ **abnormal** 異常な

generous [dʒénərəs]
形 気前の良い，(～に対して)寛大な(to / with)
⇒ **gènerósity** 名 寛大さ

graceful [gréisfl]
形 優雅な，上品な ◇ be graceful of ～「～が上品だ」
⇒ **grace** 名 優雅さ，上品さ

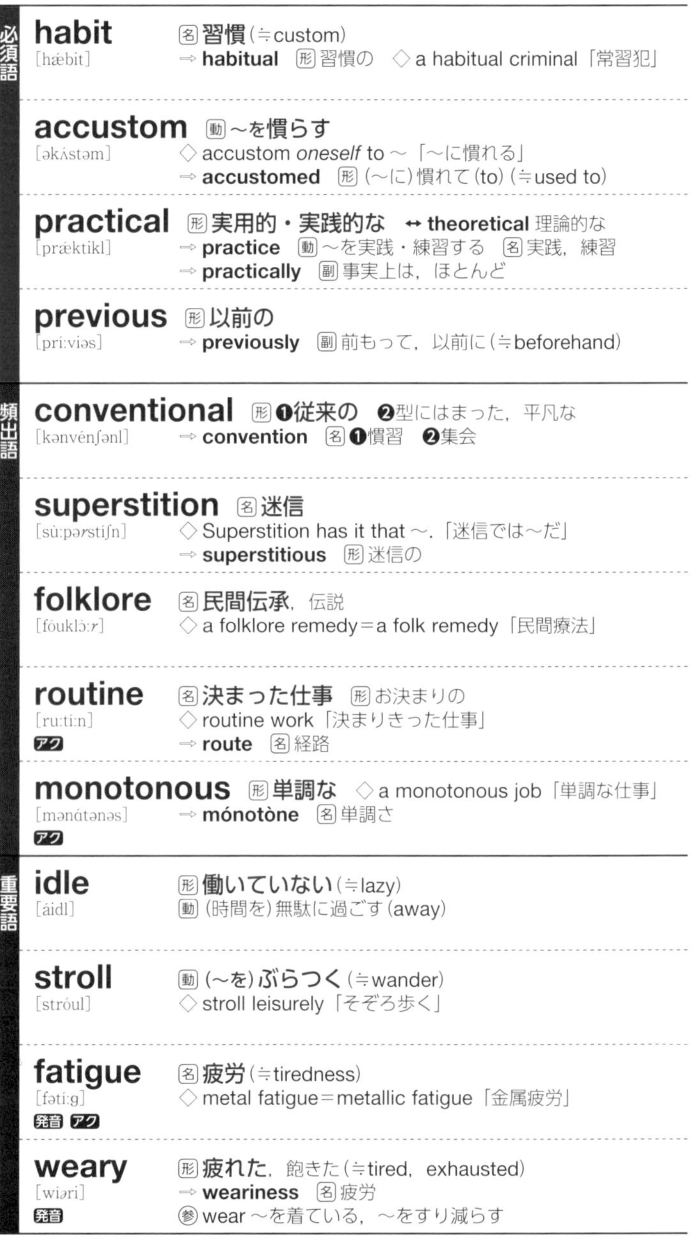

必須語

habit [hǽbit]
名 **習慣**(≒custom)
⇒ **habitual** 形 習慣の ◇ a habitual criminal「常習犯」

accustom 動 **〜を慣らす**
[əkʌ́stəm]
◇ accustom *oneself* to 〜「〜に慣れる」
⇒ **accustomed** 形 (〜に)慣れて(to)(≒used to)

practical 形 **実用的・実践的な** ↔ **theoretical** 理論的な
[prǽktikl]
⇒ **practice** 動 〜を実践・練習する 名 実践，練習
⇒ **practically** 副 事実上は，ほとんど

previous 形 **以前の**
[príːviəs]
⇒ **previously** 副 前もって，以前に(≒beforehand)

頻出語

conventional 形 **❶従来の** ❷型にはまった，平凡な
[kənvénʃənl]
⇒ **convention** 名 ❶慣習 ❷集会

superstition 名 **迷信**
[sùːpərstíʃn]
◇ Superstition has it that 〜.「迷信では〜だ」
⇒ **superstitious** 形 迷信の

folklore [fóuklɔːr]
名 **民間伝承**，伝説
◇ a folklore remedy＝a folk remedy「民間療法」

routine [ruːtíːn] アク
名 **決まった仕事** 形 お決まりの
◇ routine work「決まりきった仕事」
⇒ **route** 名 経路

monotonous 形 **単調な** ◇ a monotonous job「単調な仕事」
[mənɑ́tənəs] アク
⇒ **mónotòne** 名 単調さ

重要語

idle [áidl]
形 **働いていない**(≒lazy)
動 (時間を)無駄に過ごす(away)

stroll [stróul]
動 (〜を)**ぶらつく**(≒wander)
◇ stroll leisurely「そぞろ歩く」

fatigue [fətíːg] 発音 アク
名 **疲労**(≒tiredness)
◇ metal fatigue＝metallic fatigue「金属疲労」

weary [wiəri] 発音
形 **疲れた**，飽きた(≒tired, exhausted)
⇒ **weariness** 名 疲労
参 wear 〜を着ている，〜をすり減らす

必須語

mechanism 名仕組み
[mékənizm]
アク
⇒ **mechanic** 名機械(修理)工 ⇒ **mechanical** 形機械の 参machinery 機械類 ✔集合名詞

manufacture 動～を製造する 名製造(業)
[mænjəfæktʃər]
アク
⇒ **manufacturer** 名製造業者

introduction 名❶導入 ❷紹介
[intrədʌ́kʃn]
⇒ **introduce** 動導入する

invention 名発明
[invénʃn]
⇒ **invent** 動～を考察・発明する ⇒ **inventor** 名発明家
⇒ **inventive** 形創作力がある(≒creative)

頻出語

undertake 動～を引き受ける，～を始める
[ʌndərtéik]
◇ undertake the task for ～「～に代わってその仕事を引き受ける」 ⇒ **undertaking** 名事業

generate 動～を生み出す(≒produce)
[dʒénərèit]
◇ generate electricity「発電する」
⇒ **generation** 名世代

progress 動進歩する 名進歩 [prágrəs]
[prəgrés]
アク
⇒ **progressive** 形進歩的な

proclaim 動～を宣言する(≒declare)
[prəkléim]
◇ proclaim *one*'s independence「独立を宣言する」

pioneer 名開拓者，先駆者
[pàiəníər]
アク
⇒ **pioneering** 形先駆的な(≒innovative)

重要語

frontier 名辺境，未開拓分野
[frʌntíər]
アク
◇ a frontier industry「先端産業」
◇ frontier disputes「国境紛争」

feat 名偉業 ◇ a feat of engineering「工学技術の偉業」
[fiːt]
参feet 足(同音) 参feast 宴会

realm 名領域，分野(≒area，field，sphere)
[rélm]
発音
◇ a realm of agriculture「農業分野」

domain 名領域(≒area)
[douméin]
◇ out of *one*'s domain「～の専門外だ」

必須語

interaction 名 交流, 相互作用
[intərǽkʃn]
⇒ **interact** 動 (～と)交流する (with)
⇒ **interactive** 形 相互作用の, 対話式の

react 動 (～に)反応する (to) (≒respond)
[riǽkt]
⇒ **reaction** 名 反応

electricity 名 電気
[ilèktrísəti]
⇒ **electrical** 形 電気の (≒electric)
参 electronic 電子の

device 名 装置 ◇ a useful device for ～「～に役立つ装置」
[diváis]
⇒ **devise** 動 ～を考案・発明する

頻出語

apparatus 名 器具(一式)
[æpərǽtəs]
◇ an electric apparatus「電気器具」

organism 名 有機体, 生物
[ɔ́ːrgənizm]
⇒ **organ** 名 器官 ◇ an organ transplant「臓器移植」
⇒ **organic** 形 ❶器官の ❷有機の

cell 名 ❶細胞 ❷小部屋
[sél]
◇ a cell arrangement「細胞配列」
◇ a cell phone「携帯電話」

gene 名 遺伝子 ◇ a gene arrangement「遺伝子配列」
[dʒíːn]
⇒ **genetic** 形 遺伝(子)の

重要語

heredity 名 遺伝
[hərédəti]
アク
⇒ **hereditary** 形 遺伝の
◇ a hereditary disease「遺伝病」

inherent 形 (～に)固有の (in), 生まれつきの
[inhírənt]
参 coherent 首尾一貫した, 密着した

innate 形 生まれつきの (≒natural) ↔ **acquired** 後天的な
[inéit]
◇ an innate talent「天賦の才能」

antibiotic 名 抗生物質 形 抗生物質の
[æntibaiɑ́tik]
◇ an antibiotic allergy「抗生物質アレルギー」
参 antigen 抗原

vessel 名 ❶管 ❷船
[vésl]
◇ a blood vessel「血管」
◇ a vessel flow「血流」

必須語

resemble [rizémbl] 動 ～に似ている（≒take after）
⇨ **resemblance** 名（外面的な）類似

similarity [sìmələ́rəti] 名 類似（≒resemblance, likeness）
⇨ **similar** 形（～に）似ている（to）（≒alike）

distinct [distíŋkt] 形 ❶異なる ❷明確な（≒definite, explicit）
⇨ **distinction** 名 相違
⇨ **distinctive** 形 独特の，特徴的な

distinguish [distíŋgwiʃ] 動 ～を区別する
◇ distinguish *A* from *B*「*A* と *B* を区別する」
⇨ **distinguished** 形 目立った

characteristic [kæ̀riktərístik] 名 特徴 形 特有の
◇ individual characteristics「個性」

頻出語

trait [tréit] 名 特性（≒characteristic, feature）
◇ a trait of melancholy「憂鬱気味」

ethnic [éθnik] アク 形 民族の ◇ ethnic minorities「少数派民族」

noble [nóubl] 形 気高い，貴族の 参 novel 小説，新奇な
⇨ **nobility** 名 気高さ，貴族（階級）

trivial [tríviəl] 形 些細な（≒trifling）
◇ trivial matters「ささいな事柄」

重要語

tribal [tráibl] 形 部族の
⇨ **tribe** 名 部族 参 folk 民衆 参 kin 親族，血縁

offspring [ɔ́(:)fspriŋ] アク 名 子孫（≒descendant）
↔ **ancestor** 先祖（≒forefather）

dignity [dígniti] 名 威厳，尊厳 ◇ death with dignity「尊厳死」

integrity [intégrəti] アク 名 高潔，完全
⇨ **integral** 形 ❶不可欠な ❷完全な

必須語

appearance [əpíərəns] 名 ❶**出現** ❷**外見**(≒shape)
⇒ **appear** 動 現れる(≒show up)

appeal [əpíːl] 動 ❶ (～に) **訴えかける** (to) (≒resort) ❷ (～を) 求める (for) 名 訴え，魅力
◇ appeal to arms「武力に訴える」

require [rikwáiər] 動 ～を(…に)**要求する**(of)，～を**必要とする**
◇ require a good reason to *do*「～するのに十分な理由が必要だ」 ⇒ **requirement** 名 要件

confirm [kənfə́ːrm] 動 ～を**確認する**(≒make sure)

頻出語

affirm [əfə́ːrm] 動 ～を**断言・肯定する**
⇒ **affirmative** 形 肯定的な ↔ **negative** 否定的な

assert [əsə́ːrt] 動 ～を**断言・主張する**
◇ assert *one's* opinion「自分の意見を主張する」
⇒ **assertion** 名 断言，主張

inquire [inkwáiər] 動 ～を(人に)**尋ねる**(of)，(～を) 調べる (into)
⇒ **inquiry** 名 質問，調査

plead [pliːd] 動 **嘆願する**，訴える
◇ plead with *A* to *do*「～するよう *A* に頼む」

allege [əlédʒ] 動 ～を**断言する**，主張する(≒assure，maintain)
◇ allege *one's* innocence「～の無罪を主張する」

verify [vérəfài] 動 ～を**実証する**，確かめる
◇ verify *one's* identity「本人確認をする」

重要語

anthropology [æ̀nθrəpɑ́lədʒi] 名 **人類学**
⇒ **anthropologist** 名 人類学者

geography [dʒiɑ́grəfi] 名 **地理学**
⇒ **geographical** 形 地理(学)の

geology [dʒiɑ́lədʒi] 名 **地質学**
⇒ **geological** 形 地質学的な
⇒ **geologist** 名 地質学者

必須語

assume 動 ～を想定する
[əsúːm]
◇ assume to be ～「～であるふりをする」
⇒ **assumption** 名 想定

suppose 動 ～と思う ◇ be supposed to *do*「～することになっている」 ◇ Suppose that ～.「もし～とすれば」(≒If)
[səpóuz]
⇒ **supposition** 名 仮定, 想定 ⇒ **supposedly** 副 たぶん

conclude 動 ～を結論づける
[kənklúːd]
⇒ **conclusion** 名 結論
⇒ **conclusive** 形 決定的な

exception 名 (～の) 例外 (to)
[iksépʃn]
⇒ **except** 前 ～を除いて ◇ except for ～「～は別として」
⇒ **exceptional** 形 例外的な

contrast 名 対照
[kɑ́ntræst]
◇ in contrast「それどころか」(≒on the contrary)

頻出語

associate 動 ❶～を連想する ❷ (～と) 交際する (with)
[əsóuʃièit]
◇ associate *A* with *B*「*A* と *B* を結びつけて考える, *A* で *B* を連想する」 ⇒ **association** 名 ❶協会 ❷連想 ❸交際

classify 動 ～を (…に) 分類する (as / into)
[klǽsəfài]
⇒ **classification** 名 分類

counterpart 名 対応するもの, 同等物
[káuntərpɑ̀ːrt]
◇ have no counterpart in ～「～に当たるものはない」

contradiction 名 反対, 矛盾
[kɑ̀ntrədíkʃn]
⇒ **contradict** 動 ～に矛盾する
⇒ **contradictory** 形 矛盾した

重要語

anatomy 名 解剖 (学), 構造
[ənǽtəmi]
◇ the anatomy of the nervous system「神経系の構造」

physiology 名 生理学 ◇ the physiology of the brain「脳生理学」
[fiziɑ́lədʒi]
⇒ **physiological** 形 生理的な

psychiatry 名 精神医学 ⇒ **psychiatric** 形 精神医学の
[saikáiətri]
発音 アク
⇒ **psychiatrist** 名 精神分析医 ◇ a psychiatrist's couch「精神科の寝いす」

arithmetic 名 算数
[əríθmətik]
アク
参 mathematics 数学 参 geometry 幾何学

必須語

doubt [dáut] 発音
動 ❶~を疑問に思う ❷~ではないと思う 名 疑い
⇒ **doubtful** 形 疑わしい
参 suspect ~だと思う

imply [implái] アク
動 ~を意味する, ~をほのめかす
⇒ **implication** 名 (言外の)意味, 影響
⇒ **implicit** 形 暗黙の ↔ **explicit** 明らかな

principal [prínsəpl]
形 主要な(≒chief, major) 名 校長
参 principle 原理(同音)

grave [gréiv]
形 重大な(≒serious) 名 墓穴
⇒ **gravity** 名 重力, 引力(≒gravitation)

頻出語

crucial [krúːʃl]
形 非常に重要な, 重大な(≒serious)
◇ a crucial ingredient「重大な要素」

correlation [kɔ(ː)rəléiʃn]
名 相関関係
◇ a correlation between *A* and *B*「*A* と *B* との相関関係」

dubious [djúːbiəs]
形 怪しげな, 不審な
◇ be dubious about ~「~を疑っている」

straightforward [stréitfɔ́ːrwərd]
形 ❶率直な(≒direct, candid) ❷簡単な(≒simple)

literal [lítərəl]
形 文字どおりの ↔ **figurative** 比喩的な
⇒ **literally** 副 文字どおり 参 literary 文学の
参 literate 読み書きのできる

重要語

compromise [kámprəmàiz] 発音
名 妥協 動 (~と)妥協する(with)
◇ make a compromise with ~「~と妥協する」

compatible [kəmpǽtəbl] アク
形 (~と)適合性のある, (~と)矛盾しない(with)
◇ We are compatible.「私たちは仲良しです」

criterion [kraitíəriən]
名 基準(≒standard) ✔ 複数形は criteria [kraitíəriə]
◇ meet criteria「基準を満たす」

infer [infə́ːr]
動 ~を推論する ◇ We can infer this from that fact.「その事実から我々はこのことを推論できる」
⇒ **inference** 名 推論

必須語

disappoint [disəpɔ́int] 動 ～をがっかりさせる
⇒ **disappointing** 形 がっかりさせるような
⇒ **disappointment** 名 落胆

bother [bɑ́ðər] 動 ～を悩ませる（≒disturb, annoy）
◇ bother to *do*「わざわざ～する」

頻出語

depress [diprés] 動 ～を落胆させる
⇒ **depressed** 形 落胆した
⇒ **depression** 名 ❶不況　❷憂うつ

suppress [səprés] 動 ～を抑圧する
◇ suppress *one's* appetite「食欲を抑える」
⇒ **suppression** 名 抑圧

temper [témpər] 名 落ち着き，気性　◇ lose *one's* temper「怒る」

irritate [íritèit] 動 ～をいら立たせる（≒annoy）
⇒ **irritating** 形 いらいらさせるような
⇒ **irritation** 名 いら立ち

subconscious [sʌ̀bkɑ́nʃəs] 形 潜在意識の
参 conscious 意識している　参 unconscious 無意識の

重要語

cognitive [kɑ́gnitiv] 形 認識の，認知の
◇ cognitive behavioral therapy「認知行動療法」
参 dementia 認知症　参 recognize ～を認識する

beset [bisét] 動 ～を悩ます
◇ be beset by economic crises「経済危機に苦しむ」

resent [rizént] 発音 動 ～に憤慨する
⇒ **resentment** 名 怒り（≒anger）

frown [fráun] 発音 動 顔をしかめる（≒make a face）
◇ frown at the interruption「邪魔されて顔をしかめる」

dismay [disméi] 動 ～をうろたえさせる　名 狼狽
◇ be dismayed at ～「～を聞いて〔見て〕うろたえる」

humiliate [*h*jumílièit] アク 動 ～に恥をかかせる　◇ humiliate *oneself*「恥をかく」
⇒ **humiliation** 名 屈辱

必須語

motive [móutiv]
名 動機(≒incentive)
⇒ **motivate** 動 ～にやる気を起こさせる
⇒ **motivation** 名 動機づけ

desirable [dizáiərəbl]
形 望ましい
⇒ **desire** 動 ～を望む 名 要求，欲望

arise [əráiz]
動 生じる 参 arouse ～を目覚めさせる

頻出語

strive [stráiv]
動 (～するよう／～を求めて)努力する(to *do* / for)
⇒ **strife** 名 闘争

endeavor(-our) [indévər] アク
名 努力，試み
動 (～するよう)努力する(to *do*)(≒try，attempt)

incentive [inséntiv]
名 やる気(を起こさせるもの・こと)(≒motivation)
◇ have no incentive to work「働く気力がない」

appetite [ǽpitàit]
名 食欲，欲求(≒desire)
◇ an appetite disorder「食欲障害」
◇ lose *one's* appetite「食欲をなくす」

重要語

greed [gri:d]
名 貪欲さ ◇ greed for money「金銭欲」
⇒ **greedy** 形 貪欲な

devour [diváuər]
動 ～を貪り食う
◇ be devoured with curiosity「好奇心のとりこになる」

aspire [əspáiər]
動 ～を切望する
◇ aspire to be a singer「歌手になることを切望する」
⇒ **aspiration** 名 大志(≒ambition)

bewilder [biwíldər] 発音
動 ～をとまどわせる
◇ be bewildered by *one's* reaction「～の反応にとまどう」

perplex [pərpléks]
動 ～を当惑させる，～を悩ませる
◇ be perplexed by〔with〕the problem「その問題で困っている」

reassure [ri:əʃúər]
動 ～を安心させる

必須語

female [fíːmeil]
形 女性の 名 女性 ↔ **male** 男性(の)
⇨ **feminine** 形 女性の ↔ **masculine** 男性の ⇨ **feminism** 名 男女同権主義 ⇨ **feminist** 名 男女同権主義者

precious [préʃəs]
形 貴重な(≒valuable)
◇ a precious natural resource「貴重な天然資源」

refuse [rifjúːz]
動 ～を拒絶する(≒turn down)
⇨ **refusal** 名 拒絶

reject [ridʒékt]
動 ～を拒絶する(≒turn down)
⇨ **rejection** 名 拒絶

頻出語

restrict [ristríkt]
動 ～を制限する(≒limit)

celebrate [séləbrèit] アク
動 ～を祝う ✔ 人を目的語に取らない
⇨ **celebrity** 名 有名人

deed [díːd]
名 実行，行為 ✔ do の名詞形
◇ do a good deed「良い行いをする」

deaf [déf] 発音
形 耳が不自由な ◇ be deaf to ～「～に耳を貸さない」
参 disabled 身体障害のある

重要語

immense [iméns]
形 巨大な，莫大な(≒huge，tremendous)
⇨ **immensely** 副 大いに

gigantic [dʒaigǽntik]
形 巨大な ◇ a gigantic structure「巨大構造物」
参 giant 巨人

magnificent [mægnífəsnt]
形 壮大な，すばらしい
◇ a magnificent opportunity「絶好の機会」
参 magnify 拡大する

mold/mould [móuld]
動 ～を形づくる 名 ❶形，型 ❷沃土 ❸カビ
◇ mold *A* into *B*「*A* を *B* の型にはめ込む」

trigger [trígər]
動 ～を引き起こす 名 きっかけ

必須語

independent 形 (〜から)**独立した** (of)　↔ **dependent** 依存した
[indipéndənt]　⇒ **independence** 名 独立

neutral 形 **中立の**, 中性の
[njúːtrəl]　参 acid 酸性の　参 alkaline アルカリ性の

violent 形 **暴力の**　参 violate 〜に違反する
[váiələnt]　⇒ **violence** 名 暴力
◇ domestic violence (DV) = domestic abuse 「家庭内暴力」

force 名 **力**　動 **〜に強いる**
[fɔ́ːrs]　◇ be forced to *do* 「〜せざるをえない」
参 enforce 〜を施行する

obey 動 **〜に従う**　↔ **disobey** 〜に逆らう
[oubéi]　⇒ **obedience** 名 従うこと [oubíːdiəns]
⇒ **obedient** 形 従順な [oubíːdiənt]

頻出語

compel 動 **〜に(…することを)強いる** (to *do*) (≒force 〜 to *do*)
[kəmpél]　◇ compel children to go to school 「子供を無理やり学校に行かせる」

impose 動 ❶**〜を(…に)課す**, 〜を(…に)押しつける (on)
[impóuz]　❷(〜を)欺く (on)

oppose 動 **〜に反対する**
[əpóuz]　⇒ **opposed** 形 (〜に)反対である (to)
⇒ **ópposite** 形 反対(側)の　⇒ **opposition** 名 反対

republic 名 **共和国**　◇ a republic constitution 「共和国憲法」
[ripʌ́blik]

重要語

resort 名 ❶**手段**　❷行楽地　動 **(〜という手段に)頼る** (to)
[rizɔ́ːrt]　◇ resort to violence 「暴力に頼る」

diplomat 名 **外交官**
[dípləmæ̀t]　⇒ **diplomatic** 形 外交の
アク　⇒ **diplomacy** 名 外交

ambassador 名 **大使**
[æmbǽsədər]　⇒ **embassy** 名 大使館
参 envoy 特命使節　参 minister 公使

subdue 動 **〜を抑える**　◇ subdue a riot 「暴動を鎮圧する」
[səbdjúː]

必須語

achieve [ətʃíːv]
動 **～を達成する**（≒perform）
◇ achieve *one's* objective「目的を達する」
⇒ **achievement** 名 業績

declare [dikléər]
動 **～を宣言する**（≒announce）
⇒ **declaration** 名 宣言
◇ the Declaration of Independence「（アメリカ）独立宣言」

rebel [rébl]
動 **反抗する** 名 反逆者
◇ rebel against *one's* parents「両親に盾突く」

democracy [dimákrəsi] アク
名 **民主主義** ↔ **tyranny** 独裁政治 参 slavery 奴隷制 ⇒ **dèmocrátic** 形 民主主義の
⇒ **démocràt** 名 民主主義者

revolution [rèvəlúːʃn]
名 **革命**
⇒ **revolutionary** 形 革命的な ⇒ **revolve** 動 ～を回転させる，公転する 参 rotate 自転する

頻出語

attain [ətéin]
動 **～を達成する**，～を獲得する（≒obtain）

obtain [əbtéin]
動 **～を獲得する**（≒get, acquire）

colony [káləni]
名 **植民地**，集団
◇ establish a colony「植民地を建設する」
⇒ **colonial** 形 植民地の

重要語

treaty [tríːti]
名 **条約**
◇ a treaty banning nuclear weapons「核兵器全面禁止条約」

ally [əlái] 発音
動 **～を同盟させる**，（～と）同盟する（with）
名 **同盟国** [ǽlai] ◇ the Allied Forces「連合軍」
⇒ **alliance** 名 同盟

intervene [intərvíːn]
動 **（～に）介入する**（in）
◇ intervene in a currency market「通貨市場に介入する」
⇒ **intervention** 名 介入

sanction [sǽŋkʃn]
名 ❶**制裁** ❷認可 ◇ economic sanctions「経済制裁」
参 sanctuary 自然保護区，聖域

intercultural [intəːrkʌ́ltʃərəl]
形 **異文化間の**（≒cross-cultural）
参 interdependent 相互依存の 参 multicultural 多文化の

必須語

prior [práiər]
形 ❶優先する ❷先行する
◇ prior to ～「～に先んじて」
⇨ **priority** 名 優先(権)

senior [sí:njər]
形 (～より)年上の(to) ↔ **junior** 年下の
◇ run a senior care home「老人介護施設を経営する」

superior [supíriər] アク
形 (～より)優れた(to) ↔ **inferior** 劣った
⇨ **supèriórity** 名 優越

intensive [inténsiv]
形 集中的な ↔ **extensive** 包括的な
⇨ **intense** 形 激しい ⇨ **intensity** 名 激しさ
⇨ **intensify** 動 ～を強める

frame [fréim]
動 ～を形づくる 名 枠組み 参 flame 炎
⇨ **framework** 名 枠組み

頻出語

budget [bʌ́dʒit]
名 予算
◇ cut a budget「予算を切り詰める」

revenue [révənjù:]
名 収入，歳入 ↔ **expenditure** 支出，歳出
◇ revenue shortages「歳入不足」

scheme [skí:m] 発音
名 計画(≒plan，project)
◇ hit on a scheme「ある案を思いつく」

abolish [əbάliʃ]
動 ～を廃止する
◇ abolish capital punishment「死刑を廃止する」

重要語

federal [fédərəl]
形 連邦の
◇ the Federal Bureau of Investigation「連邦捜査局」(FBI)

council [káunsl]
名 協議会
参 counsel 忠告，～に忠告する(同音)

Congress [kάŋgrəs]
名 (米国の)国会
参 Diet(日本の)国会 参 Parliament(英国の)国会

senator [sénətər]
名 上院議員 ↔ **congressman** 下院議員
⇨ **senate** 名 上院

必須語

civil [sívl]
形 **市民の** ◇civil rights「市民権」 ◇civil law「民法」
⇒ **civilian** 形 民間人の ↔ **military** 軍人の
⇒ **civilization** 名 文明

liberty [líbərti]
名 **解放**，自由（≒freedom）
◇have a liberty to *do*「～する自由がある」

vote [vóut]
動 **～に投票する** 名 **投票**（≒poll）
◇vote for〔against〕～「～に賛成〔反対〕投票をする」
⇒ **voter** 名 投票者

elect [ilékt]
動 **～を選ぶ**（≒choose, select） 参 erect 直立した，建てる
⇒ **election** 名 選挙 ◇a general election「総選挙」

reform [rifɔ́ːrm]
動 **～を改革する** 名 改革
⇒ **reformation** 名 改革 ◇the Reformation「宗教改革」

頻出語

radical [rǽdikl]
形 ❶**根本的な**，徹底的な ❷過激な，急進的な

thorough [θə́ːrou] 発音
形 **徹底的な**，完全な（≒complete）
◇a thorough examination「徹底的な調査」

candidate [kǽndidèit]
名 **候補者**
◇a candidate for prime minister「首相候補者」

重要語

advocate [ǽdvəkit] アク
名 **支持者**（≒supporter） 動 ～を支持する［ǽdvəkèit］
⇒ **advocator** 名 支持者

swear [swéər]
動 （～を）**誓う**，（～を）断言する
◇swear at ～「～をののしる」

abstain [əbstéin]
動 （～を）**控える**，やめる（≒refrain）（from）
◇abstain from voting「投票を棄権する」

imminent [ímənənt]
形 **差し迫った**
◇the imminent general election「差し迫った総選挙」

assemble [əsémbl]
動 ❶**～を集める**（≒gather），集まる ❷～を組み立てる
⇒ **assembly** 名 ❶会合（≒meeting） ❷組み立て ❸集団
◇address an assembly「会合で演説する」

必須語

enormous [inɔ́ːrməs] 形 巨大な（≒huge）
◇ an enormous amount〔number〕of ～「莫大な量〔数〕の～」

considerable [kənsídərəbl] 形 かなりの
⇒ **considerably** 副 かなり
参 considerate 思いやりのある

detail [ditéil] 名 詳細 ◇ in detail「詳細に」
⇒ **detailed** 形 詳細な

頻出語

sole [sóul] 形 唯一の 参 soul 魂（同音）
⇒ **solely** 副 もっぱら，単独で
⇒ **solitary** 形 孤独な，唯一の ⇒ **solitude** 名 孤独

ultimate [ʌ́ltəmit] アク 形 究極の（≒last, final）
⇒ **ultimately** 副 最後に（≒finally）

utmost [ʌ́tmòust] アク 名 最大限 形 最大限の（≒maximum）
◇ face a matter of the utmost importance「この上なく重要な問題に直面する」

horrible [hɔ́ːrəbl] 形 恐ろしい
⇒ **horrify** 動 ～を怖がらせる（≒terrify）
⇒ **horror** 名 恐怖（≒terror）

terrific [tərífik] アク 形 すばらしい ✔ terrible とはちがい，通例良い意味
参 terrible 恐ろしい，ひどい

重要語

formidable [fɔ́ːrmidəbl] 形 恐るべき
✔ a formidable rival「恐るべきライバル」のように感嘆の意も含む

summon [sʌ́mən] 動 ❶～を呼び出す（≒call） ❷～に命じる
◇ summon ～ to court「～を法廷に呼び出す」

censor [sénsər] 動 ～を検閲する 名 検閲官 参 sensor センサー（同音）
⇒ **censorship** 名 検閲
参 census 国勢調査

choke [tʃóuk] 動 ～を窒息させる，窒息する
◇ choke to death「窒息死する」

obesity [oubíːsəti] 名 肥満
◇ obesity caused by overeating「食べ過ぎが原因の肥満」

必須語

numerous 形 多数の
[njú:mərəs]
⇒ **innumerable** 形 無数の

slight 形 わずかな ◇ a slight cold「軽い風邪」
[sláit]
⇒ **slightly** 副 わずかに

odd 形 ❶奇妙な(≒strange) ❷奇数の ↔ **even** 偶数の
[ád]
◇ Two odds make an even.「奇数と奇数の和は偶数になる」

quarter 名 ❶ 4 分の 1 ❷地区
[kwɔ́:rtər]
⇒ **quarterly** 形 四半期の 名 季刊誌

頻出語

burst 動 破裂する
[bə́:rst]
◇ burst into laughter＝burst out laughing「どっと笑い出す」

explode 動 爆発する ◇ explode in popularity「人気が爆発する」
[iksplóud]
⇒ **explosion** 名 爆発

render 動 ❶～を…の状態にする(≒make) ❷～を与える
[réndər]
◇ render ～ embarrassed「～をまごつかせる」

affluent 形 裕福な(≒wealthy, rich), 豊富な
[ǽfluənt]
アク
◇ an affluent society「豊かな社会」

重要語

abound 動 (場所が～に)富む, (場所には～が)豊富だ(in)
[əbáund]
◇ A big city abounds in temptations.「都会には誘惑が多い」
⇒ **abundant** 形 豊富な ⇒ **abundance** 名 豊富, 大量

fragment 名 断片 ◇ in fragments「粉々になって」
[frǽgmənt]

fraction 名 ❶断片, 部分(≒part) ❷分数
[frǽkʃn]
◇ a fraction of ～「わずかな～」
参 friction 摩擦

portion 名 一部(≒part), 分け前(≒share)
[pɔ́:rʃn]
◇ the major portion of the profits「利益の大部分」

segment 名 部分, 区分(≒piece, section)
[ségmənt]
◇ a segment of industry「産業部門」

必須語

meanwhile [míːnhwàil] 副 その間に(≒in the meantime)，一方

seemingly [síːmiŋli] 副 一見したところ(≒apparently)

merely [míərli] 副 ただ，単に(≒only)
◇ merely to survive「ただ生き延びるために」
⇨ **mere** 形 単なる

eventually [ivéntʃuəli] 副 結局(≒after all)
◇ eventually result in ～「ついには～をもたらす」

頻出語

scatter [skǽtər] 動 ～をまきちらす
◇ scatter in all directions「四散する」
⇨ **scattered** 形 まばらな

stir [stə́ːr] 発音 動 ❶～をかき回す ❷(人の心)をかき立てる
◇ stir a debate「論争を引き起こす」

stuff [stʌ́f] 動 ～を詰め込む ①意外 名 材料，もの
◇ a stuffed animal「ぬいぐるみの動物」
参 staff 職員

freeze [fríːz] 動 ❶凍る，～を凍らせる ❷動かなくなる
⇨ **freezer** 名 冷凍庫

mingle [míŋgl] 動 ～を(…と)混ぜる(≒mix)(with)，(～と)交際する(≒associate)(with) ◇ mingle *A* with *B*「*A* を *B* と混ぜる」
◇ mingle with ～「～と交流する」

重要語

rot [rát] 動 腐る，～を腐らせる
⇨ **rotten** 形 腐った
◇ a rotten tooth＝a decayed tooth＝a cavity「虫歯」

decay [dikéi] 動 腐る，～を腐らせる
⇨ **decayed** 形 腐った ◇ decayed teeth「虫歯」

pierce [píərs] 動 ～を突き刺す ◇ pierced earrings「ピアス」

penetrate [pénətrèit] 動 ❶～を突き通す ❷～を見抜く

必須語

otherwise [ʌ́ðərwàiz] 副 ❶さもなければ(≒if not) ❷別のやり方で ❸他の点では

frequently [fríːkwəntli] 副 しばしば(≒often)
⇒ **frequent** 形 たびたびの
⇒ **frequency** 名 ❶頻度 ❷周波数

approximately [əprɑ́ksəmitli] 副 おおよそ(≒about, nearly)
⇒ **approximate** 形 おおよその

scarcely [skέərsli] 副 ほとんど〜ない(≒hardly)
⇒ **scarce** 形 乏しい，まれな(≒rare)

頻出語

mute [mjúːt] 形 無言の，言葉が不自由な
◇ fall mute「黙り込む」

erase [iréis] 動 〜を消去する
◇ erase the memories of the past「過去の思い出を払拭する」

rub [rʌ́b] 動 〜をこする ◇ rub *A* from *B*「*B* から *A* をこすり落とす」
⇒ **rubber** 名 ゴム，消しゴム

scratch [skrǽtʃ] 動 〜をひっかく 名 ひっかくこと，最も初期の段階
◇ from scratch「最初から」(≒from the beginning)

strip [stríp] 動 〜をはぎ取る ◇ strip *A* of *B*「*A* から *B* を取り去る」
参 stripe しま模様(ストライプ)

重要語

slap [slǽp] 動 平手打ちをする 名 平手打ち
◇ slap a fine「罰金を科する」
参 clap (手を)たたく

leap [líːp] 動 跳ぶ(≒jump) 名 飛躍，急増
◇ Look before you leap.「跳ぶ前に見よ」⇒「転ばぬ先の杖」

stumble [stʌ́mbl] 動 ❶(〜に)つまずく(on / over) ❷(〜を)偶然見つける(across / into)
◇ stumble on a stone「石につまずく」

plunge [plʌ́ndʒ] 動 (〜に)突っ込む(into / in)，〜を突っ込む

必須語

access [ǽkses] アク
動 ❶～を利用・入手する ❷～に接近する
名 ❶利用，入手 ❷接近方法

available [əvéiləbl]
形 利用できる，入手できる
◇ be available for ～「～に利用できる」

acceptable [əkséptəbl]
形 受け入れられる
⇒ **accept** 動 ～を受け入れる ↔ **refuse** ～を拒絶する
⇒ **acceptance** 名 受け入れ

delay [diléi]
動 ～を遅らせる（≒postpone）
◇ be delayed by ～「～で遅れる」

頻出語

postpone [poustpóun]
動 ～を延期する（≒put off）
◇ postpone answering「回答を延ばす」
✔ × postpone to answer

interval [íntərvl] アク
名 間隔 ◇ after a long interval「久しぶりに」

span [spǽn]
名 期間 ◇ an average life span「平均寿命」

punctual [pʌ́ŋktʃuəl]
形 時間厳守の（≒on time）
◇ be punctual to a minute「一分とちがわない」

重要語

hygiene [háidʒiːn] アク
名 衛生（学） ◇ a hygiene indicator「衛生指標」
⇒ **hygienic** 形 衛生的な [hàidʒiénik]

commute [kəmjúːt]
動 通勤・通学する
⇒ **commuter** 名 通勤・通学者
◇ a commuter train「通勤・通学電車」

suspend [səspénd]
動 ❶～をつるす ❷～を保留する
⇒ **suspension** 名 ❶つるすこと ❷保留
⇒ **suspense** 名 不安，どっちつかずの状態

prolong [prəlɔ́ːŋ]
動 ～を延ばす（≒extend）
◇ prolong *one's* life expectancy「平均寿命を延ばす」
⇒ **prolonged** 形 長引く

linger [líŋgər]
動 いつまでも残る ◇ linger on the way「道草を食う」

必須語

amaze
[əméiz]
動 ～を驚かせる(≒astonish) ✔surprise よりも強い驚き
◇amaze *A* with *B*「*A* を *B* で驚かす」
⇒ **amazing** 形 驚くべき

amuse
[əmjúːz]
動 ～を楽しませる
⇒ **amusement** 名 娯楽 ◇an amusement park「遊園地」 ⇒ **amusing** 形 おもしろい

display
[displéi]
アク
動 ❶～を展示する(≒exhibit, show) ❷(感情など)を表す
名 ❶展示 ❷(感情の)表れ

sensitive
[sénsitiv]
形 敏感な 参 sensible 分別ある 参 sensory 感覚の
⇒ **sensitivity** 名 感受性 ⇒ **sense** 名 ❶意味 ❷感覚
参 sensational 世間を驚かせるような

頻出語

exhibit
[igzíbit]
発音
動 ～を展示・披露する(≒show)
◇exhibit anger「怒りを表す」
⇒ **exhibition** 名 展示，展覧会

fulfill(-fil)
[fulfíl]
動 ～を満たす，～を果たす
⇒ **fulfillment** 名 達成(≒achievement, accomplishment)

enrich
[inrítʃ]
動 ～を豊かにする
◇Science enriches life.「科学は人生を豊かにする」
⇒ **enrichment** 名 豊かにすること

charm
[tʃɑ́ːrm]
名 魅力 動 ～を魅了する
◇charm the audience「聴衆を魅了する」
⇒ **charming** 形 魅力的な

重要語

fascinate
[fǽsənèit]
動 ～を魅了する(≒charm)
⇒ **fascinating** 形 魅力的な(≒attractive)
⇒ **fascination** 名 魅了

eccentric
[ikséntrik]
形 常軌を逸した(≒unusual, abnormal)
✔ec-「外れた」＋center「中心」
◇an eccentric conduct＝a deviant behavior「奇行」

vulgar
[vʌ́lgər]
形 下品な，大衆的な
◇a vulgar superstition「俗信」

savage
[sǽvidʒ]
形 野蛮な，未開の(≒brutal) ↔ **civilized** 文明化した
参 barbarian 野蛮な人，未開の人

ruthless
[rúːθləs]
形 無慈悲な(≒pitiless)，冷酷な
◇ruthless poachers「非情な密猟者たち」

必須語

brave [bréiv]
形 勇敢な(≒courageous) ↔ **coward** 臆病な
動 ～に勇敢に立ち向かう
◇ brave the opposition「反対に立ち向かう」

willing [wíliŋ]
形 (～する)気がある(to *do*) ↔ **reluctant** 気が進まない
⇒ **will** 名 ❶遺言 ❷意志 ◇ at will「気の向くままに」

voluntary [vάləntèri] アク
形 自発的な ↔ **compulsory** 強制的な，義務的な
⇒ **volunteer** 名 ボランティア 動 ～を自発的にする

virtue [və́ːrtʃuː]
名 美徳 ↔ **vice** 悪徳
⇒ **virtuous** 形 有徳の
◇ a virtuous circle「善循環」 ↔ **a vicious circle**

頻出語

vice [váis]
名 悪徳 ↔ **virtue** 美徳
⇒ **vicious** 形 悪質な ◇ a vicious circle「悪循環」

ethics [éθiks]
名 倫理，道徳(≒morals)
⇒ **ethical** 形 道徳的な
参 bioethics 生命倫理

sin [sín]
名 (道徳・宗教上の)罪
✔ crime, offense は「(法律上の)犯罪」

conscience [kάnʃəns] 発音
名 良心
⇒ **cònsciéntious** 形 良心的な

重要語

tease [tíːz]
動 ～をいじめる(≒bully)
◇ tease *A* about *A*'s accent「*A* の訛りをからかう」

bully [búli]
動 ～をいじめる(≒tease)
⇒ **bullying** 名 いじめ
◇ stop bullying in schools「学校でのいじめを防止する」

confront [kənfrʌ́nt]
動 ～に立ち向かう，～と向かい合う(≒face)
◇ be confronted with〔by〕～「～に直面する」
⇒ **confrontation** 名 対決，直面

revenge [rivéndʒ]
名 復讐 動 ～の恨みを晴らす
◇ revenge *oneself* on ～「～に復讐する」

hypocrisy [hipάkrəsi]
名 偽善 ◇ expose *one's* hypocrisy「～の偽善を暴く」
⇒ **hypocrite** 名 偽善者 [hípəkrit]

必須語

found [fáund]
動 ～を設立する (≒establish)
✔ find の過去・過去分詞形と同形
⇒ **foundation** 名 基礎 (≒base, basis)

organization (-sation) [ɔ̀ːrgənəzéiʃn] アク
名 組織
⇒ **organize** 動 ～を組織する

welfare [wélfèər]
名 **福祉**，幸福　参 farewell 別れ
◇ health and welfare「保健福祉」

aid [éid]
動 ～を助ける　名 **援助** (≒help)

頻出語

loyal [lɔ́iəl]
形 **忠実な**　参 royal 王の
◇ be loyal to ～「～に忠実だ」
⇒ **loyalty** 名 忠誠

sincere [sinsíər] アク
形 **誠実な**，心からの (≒earnest)
⇒ **sincerely** 副 心から　◇ Sincerely yours ／ Yours sincerely「敬具，早々(手紙の結句)」　⇒ **sincerity** 名 誠実

deliberate [dilíbərit] アク
形 ❶**思慮深い**　❷**意図的な**
動 (～を)熟慮する [dilíbərèit]
⇒ **deliberately** 副 わざと (≒on purpose, intentionally)

dedicate [dédikèit]
動 ～を**ささげる** (≒devote)
◇ dedicate *oneself* to ～「～に専念する」　⇒ **dedicated** 形 献身的な，熱心な　⇒ **dedication** 名 献身

重要語

mercy [mə́ːrsi]
名 **慈悲**　◇ at the mercy of ～「～のなすがままに」
⇒ **merciful** 形 慈悲深い　↔ **merciless** 無慈悲な

hierarchy [háiərɑ̀ːrki] 発音
名 **階層制度**　◇ a hierarchy structure「階層構造」
参 class 階級

privilege [prívəlidʒ] アク
名 **特権**　⇒ **privileged** 形 (～する)特権のある (to *do*)
◇ the privileged classes「特権階級」

outrage [áutrèidʒ]
名 **激怒**，暴動 (≒riot)
◇ to the point of outrage「傍若無人に」

entity [éntiti]
名 **存在**，実体　◇ a social entity「社会的な存在」

必須語

humanity 名 ❶人類 ❷人間性 ◇ the humanities「人文学」
[*h*ju:mǽnəti] ⇒ **human** 形 人間の
⇒ **humane** 形 思いやりのある [*h*ju:méin]

mission 名 使命，使節 ◇ accomplish a mission「使命を果たす」
[míʃn] ⇒ **missionary** 形 使節の 名 宣教師

racial 形 人種・民族の ◇ racial discrimination「人種差別」
[réiʃl] ⇒ **race** 名 ❶民族，人種 ❷レース

border 名 境界 ◇ a border clash「国境紛争」
[bɔ́:*r*də*r*] 参 boundary 境界

頻出語

settle 動 ❶～を解決する（≒solve） ❷定住する
[sétl] ⇒ **settlement** 名 ❶解決 ❷定住
⇒ **settler** 名 定住者

migrate 動 移住する
[máigreit] ⇒ **migration** 名 移住
発音 ⇒ **migratory** 形 移住性の ◇ migratory birds「渡り鳥」

immigrant 名（他国からの）移民 ↔ **emigrant**（他国への）移民
[ímigrənt] ⇒ **immigrate** 動（他国から）移住する ↔ **emigrate**（他国へ）移住する
アク

discriminate 動 ❶（～を）差別する（against） ❷（～を）区別する
[diskrímənèit] ⇒ **discrimination** 名 ❶差別 ❷区別
アク ◇ racial discrimination「人種差別」

重要語

expel 動 ～を追い出す
[ikspél]

oppress 動 ～を圧迫する，～を迫害する
[əprés] 参 suppress ～を抑圧する 参 depress ～を落ち込ませる

persecution 名 迫害 ◇ suffer persecution「迫害を受ける」
[pə̀:*r*sikjú:ʃn] ⇒ **persecute** 動 ～を迫害する

riot 名 暴動 動 暴動を起こす
[ráiət] ◇ suppress a riot「暴動を鎮圧する」

assimilate 動 同化する，～を同化させる，～を吸収する（≒absorb） ◇ assimilate into the community「地域社会に溶け込む」 ◇ assimilate the nutrients「栄養を吸収する」
[əsíməlèit]

必須語

voyage [vɔ́iidʒ]
名 航海
◇ go on a voyage「航海に出る」

distant [dístənt]
形 **遠い**（≒far） ↔ **close** 近い
◇ a distant planet「遠くの惑星」
⇨ **distance** 名 距離

secure [sikjúər]
形 **安全な**，確かな 動 ～を確保する
◇ secure a foothold for ～「～への足場を得る」
⇨ **security** 名 安全

risk [rísk]
名 **危険**（≒danger，peril） 動 ～の危険を冒す
◇ at any risk「どんな危険を冒しても」
⇨ **risky** 形 危険な

頻出語

hazard [hǽzərd]
名 **危険**（≒danger）
◇ a hazard map「ハザードマップ（災害予測地図）」
⇨ **hazardous** 形 危険な（≒dangerous）

emergency [imə́:rdʒənsi]
名 **緊急**（≒crisis） ◇ in an emergency「緊急の際に」
⇨ **emerge** 動 現れる
⇨ **emergence** 名 出現

explore [iksplɔ́:r]
動 **～を探検する**
⇨ **exploration** 名 探検（≒expedition）
⇨ **explorer** 名 探検家

conduct [kɑ́ndʌkt] アク
名 **行為** 動 ❶**～を行う** ❷～を指揮する [kəndʌ́kt]
⇨ **conductor** 名 指揮者，車掌

重要語

navigate [nǽvigèit]
動 **～を操縦・誘導する**
⇨ **navigation** 名 航行

embark [imbɑ́:rk]
動 ❶**（～に）着手する**（on）（≒begin）
❷（～に）乗船する（on）

wreck [rék]
名 **難破** 動 ❶～を壊す ❷難破する
◇ wreck leisure time「余暇を無駄にする」

discreet [diskrí:t]
形 **慎重な**
◇ discreet in word and deed「言動に慎重だ」

alert [ələ́:rt]
形 ❶**注意深い** ❷機敏な 名 警戒，警報
◇ be alert to ～「～に抜け目がない」
参 alarm 警報，警告

必須語

surface [sə́ːrfis] 発音
名 表面
✔ sur-「上に」+ -face「顔」⇒「表面」
◇ the land surface of the earth「地球の陸地面」

sphere [sfiər]
名 ❶球(≒globe) ❷領域(≒area, field)
参 hemisphere 半球

extend [iksténd]
動 ～をのばす, のびる
⇒ **extension** 名 拡張 ⇒ **extensive** 形 包括的な
⇒ **extent** 名 範囲 ◇ to some extent「ある程度」

頻出語

expand [ikspǽnd]
動 ～を広げる
⇒ **expansion** 名 拡大

vast [vǽst]
形 (広がりが)巨大な
◇ the vast universe「広大な宇宙」
✔ 形や体積が大きい場合には huge

dimension [diménʃn]
名 ❶側面 ❷大きさ(≒size) ❸次元
◇ three dimensions「三次元」(3D)
◇ take on dimensions「重要になる」

core [kɔ́ːr]
名 核心, 中心
◇ lead to the core of a problem「問題の核心につながる」

重要語

diameter [daiǽmətər] アク
名 直径 ◇ the diameter of a circle「円の直径」
参 radius 半径(≒semidiameter)

vertical [və́ːrtikl]
形 垂直の(≒upright) ↔ **horizontal** 水平の
◇ a vertical line「垂直線」

orbit [ɔ́ːrbit]
名 軌道
◇ put a satellite in orbit「人工衛星を軌道に乗せる」
参 planet 惑星 参 satellite 衛星, 人工衛星

launch [lɔ́ːntʃ]
動 ❶～を打ち上げる ❷(～を)始める

eclipse [iklíps]
名 (太陽・月の)食
◇ a solar eclipse「日食」 ◇ a lunar eclipse「月食」

astronomy [əstrɑ́nəmi]
名 天文学 参 astrology 占星術
⇒ **astronomical** 形 ❶天文(学)の ❷けた外れな
⇒ **astronomer** 名 天文学者 参 astronaut 宇宙飛行士

必須語

landscape [lǽndskèip] 名 風景（≒scenery）
◇ a landscape conservation area「景観保全地区」

bay [béi] 名 湾，窮地 ◇ be〔stand〕at bay「追い詰められる」
参 be at stake 危機に瀕している

continent [kántənənt] 名 大陸 ◇ the New Continent「新大陸」
⇨ **continental** 形 大陸の

desert [dézərt] アク 名 砂漠 動 ～を捨てる [dizə́ːrt]
⇨ **deserted** 形 さびれた
参 dessert デザート

頻出語

locate [lóukeit] 動 ～の位置を特定する
◇ be located in ～「～に在る」（≒be situated in ～）
⇨ **location** 名 位置（≒position）

expedition [èkspidíʃn] 名 探検，遠征
◇ make an expedition to ～「～へ探検に行く」

horizon [həráizn] 名 水平線，地平線
◇ rise above the horizon「（太陽などが）水平線上に昇る」

altitude [ǽltitjùːd] 名 高度，標高（≒height）
参 longitude 経度 参 latitude 緯度

Arctic [ɑ́ːrktik] 名 北極 形 北極の ↔ **Antarctic** 南極（の）
◇ go on an Arctic expedition「北極探検に行く」
参 pole（天体の）極

重要語

erupt [irʌ́pt] 動 噴火する（≒explode）
⇨ **eruption** 名 噴火（≒explosion）
参 volcano 火山 [valkéinou]

equator [ikwéitər] 名 赤道 ◇ on the equator「赤道上で」
参 longitude 経度 参 latitude 緯度

axis [ǽksis] 名 軸
◇ the axis of rotation of the earth「地球の自転軸」

barren [bǽrən] 形 不毛の ↔ **fertile** 肥沃な
◇ be barren of ～「～がない」

必須語

atmosphere 名 ❶大気 ❷雰囲気
[ǽtməsfiər] ◇ pollute the atmosphere「大気を汚染する」
アク ⇒ **atmospheric** 形 大気の

gradually 副 だんだんと(≒little by little, by degrees)
[grǽdʒuəli] ⇒ **grade** 名 ❶段階 ❷学年 ❸成績評価
⇒ **gradual** 形 徐々の

temperature 名 温度, 気温
[témpərətʃər] ◇ a Fahrenheit temperature「華氏温度」
◇ a centigrade temperature「摂氏温度」

頻出語

thermometer 名 温度計
[θərmámitər] ◇ read a thermometer「体温計の目盛を読む」
アク

humid 形 湿った, 蒸し暑い ◇ a humid summer「蒸し暑い夏」
[hjú:mid] ⇒ **humidity** 名 湿気(≒moisture)

damp 形 湿った(≒humid, moist) 参 dump ～を捨てる
[dǽmp] ✔ moist「しっとり」に対し damp「じっとり」。不快さを含んだニュアンス

odor(-dour) 名 (強い)匂い
[óudər] ✔〈匂い〉 smell 匂い, 悪臭 scent(かすかな)匂い
発音 fragrance(良い)匂い

shade 名 陰 ◇ a shade of anxiety「一抹の不安」
[ʃéid] ⇒ **shadow** 名 影

重要語

gloomy 形 暗い, 陰気な
[glú:mi] ⇒ **gloom** 名 うす暗がり, 憂鬱

dismal 形 陰気な(≒gloomy, somber) ↔ **merry**, **upbeat** 陽気な
[dízml] ◇ We have had a long spell of dismal weather.「うっとうしい天気が長く続いた」

dim 形 薄暗い, ぼやけた(≒obscure, vague)
[dím] ◇ the dim past「おぼろげな過去」

dazzling 形 まばゆい
[dǽzliŋ] ⇒ **dazzle** 動 ～の目をくらませる

glow 動 輝く 参 grow 成長する
[glóu] 参 glare ギラギラ輝く 参 glitter キラキラ輝く

必須語

maintain 動 ～を維持する
[meintéin]
◇ maintain good health「健康を保つ」
⇒ **maintenance** 名 維持，整備

cattle 名 牛，家畜(≒livestock)
[kǽtl]
✔ 不可算名詞 × a cattle ／ cattles
○ a herd of cattle「一群の牛」

feed 動 ～に食物を与える，(動物が～を)常食とする(on)
[fíːd]
◇ feed *A* with *B*「*A* に *B* を提供する」

頻出語

seed 名 種 動 (種を)まく
[síːd]

breed 動 ～を繁殖させる，～を育てる(≒raise)
[bríːd]
⇒ **breeder** 名 繁殖・育種家，ブリーダー

yield 動 ❶～を生産する(≒produce) ❷(～に)屈する(to)
[jíːld]
名 産出高
◇ yield to an impulse to *do*「～したい衝動に負ける」

harvest 名 収穫(高) 動 ～を収穫する(≒reap)
[hάːrvist]
◇ a good harvest「豊作」

agriculture 名 農業(≒farming)
[ǽgrikʌ̀ltʃər]
アク
◇ be suitable for agriculture「農業に適している」
⇒ **agricultural** 形 農業の

重要語

cultivate 動 ❶～を耕す，～を栽培する ❷(品性・才能など)をみがく
[kʌ́ltəvèit]
⇒ **cultivation** 名 ❶耕作，栽培 ❷教養

pesticide 名 殺虫剤，農薬
[péstəsàid]
◇ pesticides polluting ground water「地下水を汚染する農薬」

fertile 形 肥沃な，豊かな ↔ **barren** 不毛の
[fə́ːrtl]
発音
⇒ **fertility** 名 ❶肥沃であること ❷出生率
⇒ **fertilizer** 名 肥料

grain 名 穀物 ◇ grain consumption「穀物消費(高)」
[gréin]
参 crop 作物

irrigation 名 灌漑
[irigéiʃn]
◇ irrigation agriculture「灌漑農業」

必須語

awful [ɔ́:fl] 発音
形 恐ろしい, ひどい (≒terrible)
⇨ **awfully** 副 とても
⇨ **awe** 名 畏怖

scary [skéəri]
形 怖い
⇨ **scare** 動 ～を怖がらせる
参 scarecrow かかし

warn [wɔ́:rn] 発音
動 ～に警告する
◇ warn against *doing*「～しないよう警告する」
⇨ **warning** 名 警告

頻出語

bloom [blú:m]
動 花が咲く 名 花(盛り)
◇ in full bloom「満開で」
参 blossom (果実になる)花

insect [ínsekt]
名 (昆)虫 (≒bug)
◇ insect pests「虫害」
✔ ミミズや幼虫は worm

prey [préi]
名 餌食 動 (～を)捕食する(on)
◇ make a prey of ～「～を餌食にする」
参 pray 祈る(同音)

cruel [krú:əl]
形 残酷な
◇ be cruel enough to *do*「残酷にも～する」
⇨ **cruelty** 名 残酷さ

dizzy [dízi]
形 目が回る, 困惑した ◇ get dizzy「めまいがする」

fierce [fíərs]
形 激しい, 荒々しい ↔ **gentle** やさしい
◇ a fierce dog「猛犬」

重要語

tame [téim]
形 飼いならされた 動 ～を飼いならす
◇ a tame animal「飼いならされた動物」

roar [rɔ́:r]
動 ❶吠える ❷(～に対して)わめく(at) 名 吠え声
参 bark (犬などが)吠える

hatch [hætʃ]
動 ❶(卵から雛)をかえす ❷～を企む
◇ hatch eggs「卵をかえす」

flock [flάk]
名 群れ (≒herd) ✔ 単複両方の扱いをうける集合名詞
動 群れる ◇ a flock of birds「鳥の群れ」
参 cluster 群れ, (花などの)房 参 crowd 群衆

必須語

sweat [swét] 発音
名 汗 参 sweet 甘い
◇ have a good sweat「汗を十分かく」

circulation [sə̀ːrkjəléiʃn]
名 循環 ◇ in circulation「流通して」
⇒ **circulate** 動 循環する

swallow [swálou]
動 ～を飲み込む 名 ツバメ
参 chew (食べ物を) 噛む

頻出語

bite [báit]
動 ～を噛む，～に噛みつく
◇ bite at the chance「好機をつかむ」

ample [ǽmpl]
形 十分な，豊富な (≒enough)
◇ an ample support for ～「～への十分な支援」

diet [dáiit]
名 食事 参 meal (一回の) 食事
◇ on a diet「ダイエット中で」
参 Diet (日本の) 国会

nutrition [njuːtríʃn]
名 栄養 ◇ a nutrition professional「栄養専門職」
⇒ **nutritious** 形 栄養のある

edible [édəbl]
形 食べられる，食用の
◇ an edible protein「食用タンパク質」

adequate [ǽdikwit] アク
形 十分な，適切な (≒enough) ↔ **inadequate** 不十分な
⇒ **adequacy** 名 適当，妥当性

重要語

moderate [mádərit]
形 適度な ↔ **extreme** 極端な
参 excessive 過度の 参 radical 過激な

nourish [nə́ːriʃ]
動 ～に栄養を与える，～を養う
⇒ **nourishment** 名 栄養 (≒nutrition)

ingredient [ingríːdiənt]
名 原料，要素 (≒element, component)
◇ ingredient contents「成分含有量」

pregnant [prégnənt]
形 妊娠している
⇒ **pregnancy** 名 妊娠 (≒conception)

必須語

heal [híːl]
動 ～を癒す　参 heel かかと（同音）
◇ heal *one's* sorrows「悲しみを癒す」

vein [véin]
名 血管，静脈　↔ **artery** 動脈
◇ finger vein authentication「指の静脈による認証」
参 vain 虚栄心の強い

頻出語

germ [dʒə́ːrm]
名 ❶細菌　❷芽生え
◇ a germ stem cell「生殖幹細胞」

transplant [trænsplǽnt]
動 ～を移植する　名 移植 [trǽnsplæ̀nt]
◇ a kidney transplant「腎臓移植」

erroneous [iróuniəs]
形 間違った（≒false，incorrect）
◇ an erroneous diagnosis＝a misdiagnosis「誤診」
⇨ **error** 名 間違い

inject [indʒékt]
動 ～を注入・注射する
◇ inject a vaccine「ワクチンを注射する」

donate [dóuneit]
動 ～を提供する，～を寄付する
⇨ **donation** 名 寄付　◇ make a donation「寄付をする」
⇨ **donor** 名 臓器提供者　◇ a kidney donor「腎臓提供者」

ambulance [ǽmbjələns]
名 救急車
◇ ambulance transport「救急車搬送」

重要語

acute [əkjúːt]
形 ❶鋭い　❷急性の　↔ **chronic** 慢性の
◇ acute alcohol poisoning「急性アルコール中毒」

stroke [stróuk]
名 ❶発作（≒attack），脳卒中　❷一撃　❸一筆　動 ～をなでる　◇ die of a stroke「脳卒中で死ぬ」
参 a heart attack 心臓発作

malpractice [mælprǽktis]
名 医療過誤
◇ be sued for malpractice「医療過誤で訴えられる」

infect [infékt]
動 ～に感染させる
⇨ **infectious** 形 伝染性の　◇ an infectious disease「伝染病」　⇨ **infection** 名 伝染病，伝染

epidemic [èpidémik]
形 流行性の　名 伝染病
参 endemic（病気が）一地方特有の
参 pandemic（病気が）世界的流行の

必須語

internal [intə́ːrnl]
形 内部の(≒inner, interior) ↔ **external** 外部の
◇ internal bleeding「内出血」

symptom [símptəm]
名 ❶症状 ❷兆候(≒sign)

cure [kjúər]
動 ～を治療する(≒remedy) 名 治療
◇ cure *A* of *B*「*A* の *B* を治す」

recover [rikʌ́vər]
動 (～を)回復する
⇒ **recovery** 名 回復

頻出語

revive [riváiv]
動 ～を復活させる
⇒ **revival** 名 復活

consult [kənsʌ́lt]
動 (～に)相談する
◇ consult a doctor「医者に診てもらう」(≒see a doctor)
⇒ **consultant** 名 顧問，コンサルタント

remedy [rémədi]
名 治療(法)(≒cure) 動 ～を治療する(≒cure, treat)
◇ apply the best remedy「最良の治療法を施す」

usage [júːsidʒ]
名 用法
◇ a usage borrowed from Latin「ラテン語からの借用語法」

abuse [əbjúːz] 発音
動 ～を乱用する 名 ❶乱用 ❷虐待 [əbjúːs]
◇ child abuse「児童虐待」

重要語

addict [ǽdikt] アク
名 中毒者 動 ～を(…に)ふけらせる(to) [ədíkt]
◇ be addicted to ～「～に夢中だ」
⇒ **addiction** 名 中毒，依存症

dose [dóus]
名 服用量 ◇ a dose of medicine「一服の薬」
✔〈薬〉 powder 粉薬 tablet 錠剤 pill 丸薬

syndrome [síndroum]
名 症候群
◇ AIDS＝Acquired Immune Deficiency Syndrome「後天性免疫不全症候群(エイズ)」

paralyze(-lyse) [pǽrəlàiz]
動 ～を麻痺させる
⇒ **paralysis** 名 麻痺

必須語

equality [ikwɑ́ləti] アク
名 **平等**，等式 ◇ racial equality「人種的平等」
⇒ **equal** 形 等しい
⇒ **equation** 名 方程式

quantity [kwɑ́ntəti]
名 **量** ↔ **quality** 質，良質の
◇ a quantity of ～「たくさんの～」

weigh [wéi]
動 ❶**重さがある** ❷～の重さを量る，～を検討する
⇒ **weight** 名 重さ
◇ give weight to ～「～を重要と考える」

頻出語

vital [váitl]
形 ❶**活気ある** ❷(～に)**不可欠な**(to)
⇒ **vitality** 名 活力
参 vitamin ビタミン [váitəmin]

indispensable [indispénsəbl]
形 **不可欠の**(≒essential) ↔ **dispensable** なくてもすむ ⇒ **dispense** 動 ❶(～なしで)すます(with) ❷～を分配する

incredible [inkrédəbl]
形 **信じられない**(≒unbelievable)
↔ **credible** 信頼できる

splendid [spléndid]
形 **すばらしい**
◇ a splendid achievement「素晴らしい業績」

marvelous (-vellous) [mɑ́ːrvələs]
形 **すばらしい**，驚くべき
↔ **commonplace** ありふれた
⇒ **marvel** 名 驚き(≒wonder)

重要語

vigorous [vígərəs]
形 **精力旺盛な** ◇ a vigorous discussion「活発な議論」
⇒ **vigor** 名 活力，精力
⇒ **vigorously** 副 精力的に

equivalent [ikwívələnt]
形 (～と)**同等の**(to) 名 (～と)同等のもの(of / to)
◇ the British flag and the Japanese equivalent「英国旗と日章旗」

intrinsic [intrínsik]
形 **固有の**，本質的な
◇ the intrinsic value of gold「金の本質的価値」

analogy [ənǽlədʒi]
名 **類似**，類推
◇ an analogy between *A* and *B*「*A* と *B* の類似性」
⇒ **analogical** 形 類推的な

flaw [flɔ́ː]
名 **傷**，**欠点**(≒defect) 参 flow 流れる [flóu]
⇒ **flawless** 形 完璧な

必須語

strength [stréŋkθ]
㊔強さ ✔strong「強い」の名詞形
⇒ **strengthen** ㊍～を強くする
✔〈形容詞の名詞形〉 length 長さ depth 深さ width 広さ

relief [rilíːf]
㊔安心，救済 ◇relief activities「救援活動」
⇒ **relieve** ㊍(心配など)を取り除く
◇feel relieved「ホッとする」

credit [krédit]
㊔信用(≒belief, trust)
◇on credit「クレジットカードで」

頻出語

discredit [diskrédit]
㊍～の信用を落とす ㊔不信
◇bring discredit on *one's* name「～の名誉を汚す」

temperament [témpərəmənt]
㊔気質，性格(≒temper, disposition)
◇a nervous temperament「神経質な気質」

bias [báiəs]
㊔偏見，先入観(≒prejudice)

embarrass [imbǽrəs] アク
㊍～を困惑させる ㊜embrace 抱きしめる
⇒ **embarrassing** ㊫厄介な
⇒ **embarrassment** ㊔困惑

frighten [fráitn]
㊍～を怖がらせる(≒terrify, scare)
⇒ **fright** ㊔恐怖 ㊜flight 飛行，逃走

重要語

astound [əstáund]
㊍～をびっくりさせる(≒surprise, astonish)
◇be astounded by the news「そのニュースに仰天する」

repose [ripóuz]
㊔休息 ㊍休息する(≒rest)，(～の上に)基礎を置く(on)
◇repose on a couch「寝いすで休む」
◇repose on economic competition「経済競争に基づく」

pastime [pǽstàim]
㊔娯楽(≒amusement, recreation)
㊜leisure 余暇

stake [stéik]
㊔❶(火刑の)柱 ❷賭け金 ㊍～を賭ける
◇at stake「危機に瀕して」 ㊜steak ステーキ(同音)
◇have a stake in ～「～に出資している，(利害)関係がある」

token [tóukən]
㊔❶しるし(≒sign) ❷記念品
◇by the same token「同様に，その上」

必須語

avoid [əvɔ́id]
動 ～を避ける(≒escape)
✔ ○ avoid *doing*　× avoid to *do*
⇒ **unavoidable** 形 不可避の

deny [dinái]
動 ～を否定する，～を与えない
⇒ **denial** 名 否定

vain [véin]
形 ❶無駄な　❷うぬぼれた
◇ in vain「(結局)無駄になって」
⇒ **vanity** 名 ❶虚栄　❷うぬぼれ

頻出語

dull [dʌ́l]
形 ❶退屈な(≒boring)　❷鈍い　↔ **sharp** 鋭い
◇ a dull speech「退屈な演説」

delight [diláit]
名 喜び(≒pleasure, joy)
◇ to *one's* delight「～が喜んだことには」
⇒ **delightful** 形 喜ばしい

passion [pǽʃn]
名 情熱
⇒ **passionate** 形 情熱的な

grief [gríːf]
名 悲しみ(≒sorrow)
◇ die of grief「悲しみのあまりに死ぬ」
参 mourn (～を)嘆く

despair [dispéər]
名 絶望　動 絶望する
◇ despair of *one's* future「将来に絶望する」
⇒ **desperate** 形 絶望的な

重要語

tedious [tíːdiəs]
形 退屈な(≒tiresome, tiring, boring)
◇ a tedious negotiation with ～「～との退屈な交渉」

torment [tɔ́ːrment]
名 苦悩　動 ～を苦しめる [tɔːrmént]

distress [distrés]
動 ～を苦しめる　名 苦悩

soothe [súːð]
動 ～をなだめる，～を和らげる　↔ **upset** ～を動転させる

console [kənsóul]
動 ～を慰める(≒comfort)
◇ console *A* for *A's* misfortune「*A* の不幸を慰める」
⇒ **consolation** 名 慰め

必須語

shame [ʃéim]
名 ❶恥ずかしさ ❷残念なこと
◇ What a shame!「残念だ!」 ⇒ **ashamed** 形 (～を)恥じて(of) ⇒ **shameful** 形 恥ずべき

hesitate [hézitèit] アク
動 ためらう
⇒ **hesitant** 形 ためらった
⇒ **hesitation** 名 ためらい

sympathy [símpəθi]
名 同情(≒compassion) ↔ **antipathy** 反感
↔ **apathy** 無感動 ⇒ **sympathetic** 形 同情的な
⇒ **sympathize** 動 (～に)同情する(with)

sentiment [séntəmənt]
名 感情(≒feeling, emotion)
◇ appeal to sentiment「感情に訴える」
⇒ **sentimental** 形 感傷的な

頻出語

melancholy [mélənkàli] アク
名 憂うつ, うつ病(≒depression) 形 憂うつな
◇ feel melancholy「憂うつになる」
⇒ **melancholic** 形 憂うつな

anguish [ǽŋgwiʃ]
名 苦痛(≒pain)
◇ be in anguish over ～「～に苦悩する」
⇒ **anguished** 形 苦悩に満ちた

strain [stréin]
名 緊張
動 ❶～を緊張させる ❷(～しようと)努める(to *do*)

indignation [indignéiʃn]
名 憤り, 怒り(≒anger)
◇ indignation with the public「世間に対する怒り」
⇒ **indignant** 形 怒った

outlet [áutlèt]
名 ❶(感情などの)はけ口 ❷販売店 ❸(電気の)コンセント
✓ 何かが出て行く「出口」のイメージ
◇ an outlet for complaint「不満のはけ口」

重要語

restrain [ristréin]
動 ～を抑制する
◇ restrain *one's* anger「～の怒りを抑える」
⇒ **restraint** 名 抑制

distract [distrǽkt]
動 (心・注意)をそらす ↔ **attract** ～を引きつける
⇒ **distraction** 名 気晴らし, 気をそらすこと・もの
◇ without distraction「一心不乱に」

obsession [əbséʃn]
名 強迫観念, 妄想
⇒ **obsess** 動 (妄想などが)～に取りつく
◇ be obsessed with ～「～に取りつかれている」

preoccupation [pri:àkjəpéiʃn]
名 ❶没頭 ❷先入観
◇ be preoccupied with ～「～に没頭している」

必須語

differ [dífər] アク
動 **異なる** ◇ differ from *A* in *B*「*B* の点で *A* と異なる」
⇒ **difference** 名 違い
⇒ **different** 形 さまざまな，異なった

vary [véəri] 発音
動 **〜を変える，変わる** ◇ vary from *A* to *A*「*A* ごとに異なる」 ⇒ **varied** 形 多様な (≒various) ⇒ **variety** 名 多様性 ⇒ **variation** 名 変動

orient [ɔ́:riènt]
動 〜を(…に)**適応させる** (to, toward)，(ある方向に)向く
名 (the Orient で)東洋 ↔ **the Occident** 西洋

proportion [prəpɔ́:rʃn]
名 **割合**，比率
◇ in proportion to 〜「〜に比例して」
⇒ **portion** 名 一部，分け前

頻出語

industrious [indʌ́striəs]
形 **勤勉な** (≒diligent)
⇒ **industrial** 形 産業の ◇ an industrial revolution「産業革命」 ⇒ **índustry** 名 ❶産業 ❷勤勉

humble [hʌ́mbl]
形 **控えめな**，粗末な
◇ a humble life「質素な生活」
⇒ **humility** 名 謙虚，卑下

arrogant [ǽrəgənt]
形 **傲慢な** ↔ **humble** 控えめな
◇ an arrogant attitude「傲慢な態度」
⇒ **arrogance** 名 傲慢

rude [rú:d]
形 **無礼な** (≒impolite) ↔ **polite** 礼儀正しい
◇ be rude to 〜「〜に無礼をはたらく」

bold [bóuld]
形 **大胆な** 参 bald 禿げた [bɔ́:ld]

重要語

alter [ɔ́:ltər] 発音
動 **〜を変える** (≒change) 参 altar 祭壇(同音)
⇒ **alteration** 名 変更
参 alternative 代替物，代替的な

modify [mádəfài]
動 ❶**〜を修正する** ❷〜を緩和する
◇ a genetically-modified product「遺伝子組み換え製品」
⇒ **modification** 名 修正

convert [kənvə́:rt] アク
動 **〜を変える**，変わる (≒change, shift)
◇ convert *A* into *B*「*A* を *B* に変える」

distort [distɔ́:rt]
動 **〜を歪める**
⇒ **distortion** 名 歪み

必須語

forbid [fərbíd]
動 ～を禁止する（≒prohibit，ban）
◇ forbid *A* from *doing*「*A* が～するのを禁じる」

prohibit [prouhíbit]
動 ～を禁止する
◇ prohibit *A* from *doing*「*A* が～するのを禁じる」
⇒ **prohibition** 名 禁止（令）

ban [bǽn]
動 ～を禁止する 名 禁止
◇ ban *A* from *doing*「*A* が～するのを禁じる」

prevent [privént]
動 ～を妨げる
◇ prevent *A* from *doing*「*A* が～するのを妨げる」
⇒ **prevention** 名 防止

頻出語

precede [prisíːd]
動 ～に先行する 参 proceed 進む
⇒ **preceding** 形 前の ◇ a preceding chapter「前章」
⇒ **precedent** 名 先例

suicide [sjúːəsàid]
動 自殺する 名 自殺 ◇ commit suicide「自殺する」
参 genocide 集団虐殺 参 homicide 殺人

quit [kwít]
動 ～をやめる（≒stop） ✔動名詞を目的語にとる
◇ Don't quit trying.「頑張れ」

refrain [rifréin]
動（～を）差し控える（from）
◇ Please refrain from smoking here.「ここでの喫煙はお控えください」

revise [riváiz]
動 ～を改正・改訂する
⇒ **revision** 名 改正，改訂

重要語

legitimate [lidʒítəmit]
形 合法的な（≒legal）
◇ meet legitimate needs「正当な要求を満たす」
⇒ **legitimacy** 名 合法性

legislation [lèdʒisléiʃn]
名 立法，法律（≒law）
参 executive 行政 参 judiciary 司法

comply [kəmplái]
動（要求・規則に）従う（with）（≒obey）
⇒ **compliance** 名（要求・規則に）従うこと

conform [kənfɔ́ːrm]
動（…と）一致する，～を（…に）一致させる（to / with）
⇒ **conformity** 名 一致，服従

必須語

legal [líːgl]
形 **法律の**，合法の（≒legitimate） ↔ **illegal** 非合法の
◇ a legal case「訴訟事件」
参 regal 威厳のある

confess [kənfés]
動 **～を告白する** ↔ **conceal** ～を隠す
◇ confess a secret「秘密を告白する」
⇨ **confession** 名 告白

evident [évidənt]
形 **明らかな**（≒clear, apparent）
⇨ **evidence** 名 証拠（≒proof） ✔ 不可算名詞
◇ in evidence「はっきり見えて」

頻出語

testify [téstəfài]
動 **（～を）証言する**
◇ testify for〔against〕～「～に有利な〔不利な〕証言をする」
参 testimony 証言

justify [dʒʌ́stəfài]
動 **～を正当化する**
⇨ **justification** 名 正当化
⇨ **justice** 名 正義，公正

guilty [gílti]
形 **有罪の**，後ろめたい
◇ feel guilty about〔for〕～「～を後ろめたく思う」
⇨ **guilt** 名 有罪

punish [pʌ́niʃ]
動 **～を罰する**
◇ punish *A* for *B*「*A* を *B* の理由で罰する」
⇨ **punishment** 名 罰

supreme [suːpríːm] 発音
形 **最高の** ◇ the Supreme Court「最高裁判所」
⇨ **supremacy** 名 ❶優越 ❷最高 ❸主権

重要語

renounce [rináuns]
動 **～を放棄する**，否認する
◇ renounce a treaty「条約を破棄する」

judicious [dʒudíʃəs]
形 **分別のある**（≒sensible, discreet）
◇ a judicious decision「分別ある決定」
参 judicial 公正な

jury [dʒúəri]
名 **陪審（員）** ◇ a jury trial「陪審裁判」
参 judge 裁判官 参 verdict 評決

sue [sjúː]
動 **（～を…で）告訴する**（for）
◇ sue for compensation「賠償を求めて訴える」
⇨ **suit** 名 訴訟

witness [wítnəs]
名 **目撃者**，証人 動 **～を目撃する**，（～を）証言する
◇ stand witness「証人に立つ」

必須語

document 名 文書
[dákjəmənt] ⇒ **documentary** 形 文書の，記録による 名 記録作品

signature 名 署名
[sígnətʃər] ⇒ **sign** 動 ～に署名する 名 兆候 ◇ sign language「手話」 ⇒ **signal** 名 合図 動 ～に合図を送る

cope 動 (～に)**対処する** (with) (≒deal with)
[kóup]

頻出語

register 動 (～を)**登録する**
[rédʒistər]
◇ register a copyright「著作権を登録する」
⇒ **registration** 名 登録

procedure 名 **手続き**
[prəsí:dʒər] ◇ follow the procedure「手順に従う」
アク

insert 動 ～を(…に)**挿入する** (into)
[insə́:rt]

prescribe 動 ❶**～を規定する** ❷**(薬を)処方する**
[priskráib] ⇒ **prescription** 名 ❶規定 ❷処方箋

重要語

subscribe 動 ❶**(～を)予約・購読する** (to) ❷～に署名する
[səbskráib] ✔ sub-「下に」+ -scribe「(名前を)書く」⇒「署名する」

expire 動 **失効する**，息を吐く
[ikspáiər]
◇ My driving license expired.「運転免許が失効した」
参 invalid 無効の

abide 動 ❶**(～に)留まる・滞在する** (in) ❷(規則などを)守る (by) ❸～を我慢する
[əbáid]
◇ abide by a contract「契約を順守する」

contract 名 **契約** 動 ❶(～を)契約する ❷収縮する [kəntrǽkt]
[kántrækt] ⇒ **contraction** 名 収縮
アク

negotiate 動 ❶**交渉する** ❷～を取り決める
[nigóuʃièit]
⇒ **negotiation** 名 交渉
⇒ **negotiator** 名 交渉人

resume 動 (～を)**再開する** (≒begin again)
[rizú:m]
発音

必須語

tempt
[témpt]
動 〜を誘惑する
◇ tempt *A* into *doing*「*A* を〜する気にさせる」
⇒ **temptation** 名 誘惑

apt
[ǽpt]
形 (〜し)がちの (to *do*)
◇ be apt to forget「忘れっぽい」

silly
[síli]
形 愚かな (≒foolish, stupid)
◇ a silly question「愚問」

stupid
[stjúːpid]
形 愚かな (≒foolish)
◇ be stupid for *doing*「〜するとは愚かだ」
⇒ **stupidity** 名 愚かさ

頻出語

ridiculous
[ridíkjələs]
形 ばかげた (≒foolish, silly)
⇒ **ridicule** 動 〜をあざ笑う 名 嘲笑

absurd
[əbsə́ːrd]
形 不条理な (≒silly) ↔ **reasonable** 道理にかなった

cheat
[tʃíːt]
動 〜をだます (≒trick)
◇ cheat in an examination「試験でカンニングをする」

deceive
[disíːv]
動 〜をだます (≒trick)
⇒ **deceit** 名 だますこと
⇒ **deception** 名 だますこと, だまされること

puzzle
[pʌ́zl]
動 〜を当惑させる 名 難問
◇ be puzzled about 〜「〜について迷う」

重要語

tremble
[trémbl]
動 震える

weep
[wíːp]
動 (しくしくと)泣く ◇ weep for joy「うれし泣きする」
参 sob 泣きじゃくる

lament
[ləmént]
動 (〜を)嘆く 名 嘆き
◇ lament (over) the prose of existence「人生の平凡さを嘆く」

deplore
[diplɔ́ːr]
動 〜を嘆く, 〜を残念に思う
◇ deplore *one's* misfortune「不運を嘆く」

必須語

tender [téndər]
形 やさしい
◇ be tender to ～「～にやさしい」

selfish [sélfiʃ]
形 利己的な，わがままな (≒egoistic)
◇ a selfish behavior「利己的行動」

ugly [ʌ́gli]
形 醜い
◇ spread an ugly rumor「醜聞を広める」

頻出語

coward [káuərd] 発音
名 臆病者
⇒ **cowardly** 形 臆病な ↔ **courageous** 勇気のある

diligent [dílidʒənt]
形 勤勉な (≒industrious) ↔ **lazy** 怠惰な
⇒ **diligence** 名 勤勉

stubborn [stʌ́bərn] アク
形 頑固な (≒persistent)

earnest [ə́:rnist]
形 真面目な (≒serious)
◇ meet *one's* earnest desire「心からの願いを叶える」

considerate [kənsídərit]
形 思いやりのある (≒thoughtful)
参 considerable かなりの

重要語

timid [tímid]
形 臆病な (≒fearful) ↔ **courageous** 勇気のある
◇ be timid with ～「～に臆病だ」

prudent [prú:dnt]
形 分別がある (≒wise)，用心深い (≒careful)
◇ be prudent to *do*「慎重を期して～する」

naughty [nɔ́:ti] 発音
形 いたずらな
◇ a naughty boy「いたずら小僧」

mischief [místʃif] アク
名 ❶害 ❷いたずら (≒trick)
⇒ **mischievous** 形 いたずら好きな

mean [mí:n]
形 卑劣な，劣った ❗意外
動 ～のつもりである，～を意味する
参 means 手段 ◇ by no means「決して～ない」

必須語

ideal [aidíːəl]
形 理想的な　名 理想　↔ **reality** 現実
⇒ **idea**　名 考え
⇒ **idealism**　名 理想主義　⇒ **idealistic**　形 理想主義の

insight [ínsàit]
名 洞察(力)，見通し

review [rivjúː]
名 ❶論評　❷復習　動 ～を見直す

notion [nóuʃn]
名 概念(≒idea，concept)
◇ have no notion of ～「～をまったく知らない」

頻出語

pursue [pərsúː] アク
動 (～を)追跡する(≒chase)，～を追求する
⇒ **pursuit**　名 追跡，追求

illuminate [ilúːmənèit] アク
動 ～を解明する
⇒ **illumination**　名 照明

metaphor [métəfɔ̀ːr]
名 比喩，メタファー
⇒ **metaphorical**　形 比喩的な

irony [áiərəni]
名 皮肉，アイロニー
◇ an irony of fate「運命の皮肉」

dual [djúːəl]
形 二重の，二元的な
参 triple，threefold 三重の　参 multiple 多重の

重要語

skeptical (scep-) [sképtikl]
形 懐疑的な
◇ be skeptical about ～「～に疑いを抱く」
⇒ **skepticism**　名 懐疑論

enlightened [inláitnd]
形 ❶啓発された　❷(～に)精通している(on)
⇒ **enlighten**　動 ～を啓蒙する　⇒ **enlightenment**　名 啓発　◇ the Enlightenment「啓蒙主義」

ponder [pándər]
動 (～を)熟考する

contemplate [kántəmplèit]
動 (～を)熟慮する
⇒ **contemplation**　名 熟慮，瞑想(≒meditation)

必須語

origin [ɔ́ːridʒin] アク
名 起源 (≒root)
⇒ **original** 形 元の，最初の
⇒ **originality** 名 独創性 ⇒ **originate** 動 ～を始める

tune [tjúːn]
名 調和 動 (～を)調整する
◇ tune to ～「～に合わせる」

statue [stǽtʃuː]
名 彫像
◇ erect a statue「像を建てる」

頻出語

sculpture [skʌ́lptʃər]
名 彫刻

carve [káːrv]
動 ～を彫る，～を刻む 参 curve 曲線，カーブする
◇ carve a statue out of marble「大理石から像を彫る」

decorate [dékərèit] アク
動 ～を飾る
◇ decorate *A* with *B*「*A* を *B* で飾る」
⇒ **decoration** 名 飾り

ornament [ɔ́ːrnəmənt]
名 飾り (≒decoration)
◇ be deceived with ornament「虚飾にだまされる」
◇ a personal ornament「装身具」

genuine [dʒénjuin]
形 本物の (≒true，authentic)

imitate [ímitèit] アク
動 ～をまねる
⇒ **imitation** 名 まね，模倣
◇ an imitation diamond「模造ダイヤ」

重要語

fake [féik]
形 にせの，模造の 動 ～をごまかす，見せかける
◇ fake illness「仮病を使う」

aesthetic [esθétik] 発音
形 美的な
⇒ **aesthetics** 名 美学

masterpiece [mǽstərpìːs] アク
名 傑作
◇ a masterpiece of *one's* later years「～の晩年での傑作」

depict [dipíkt]
動 ～を(克明に・生き生きと)描く (≒portray)
◇ depict *A* as *B*「*A* を *B* として描く」

必須語

devote [divóut]
動 ～をささげる ◇ devote *oneself* to ～「～に専念する」
⇒ **devoted** 形 献身的な，熱心な
⇒ **devotion** 名 専念

soul [sóul]
名 ❶精神（≒spirit） ❷人間 参 sole 唯一の（同音）
◇ The soul lasts for ever.「魂は永遠に続く」

religion [rilídʒən]
名 宗教 ◇ believe in religion「宗教を信じる」
⇒ **religious** 形 宗教の
参 region 地域

頻出語

authority [əθɔ́:riti]
名 権威（者）
⇒ **authorize** 動 ～に権威を与える
⇒ **author** 名 著者

doctrine [dɑ́ktrin]
名 教義，主義 ◇ Catholic doctrines「カトリックの教義」

worship [wə́:rʃip]
動 ～を崇拝する 名 崇拝
◇ worship Buddha「仏陀を崇拝する」

sacrifice [sǽkrəfàis]
動 ～を犠牲にする 名 犠牲（≒victim）
◇ sacrifice *A* for *B*「*B* のために *A* を犠牲にする」

sacred [séikrid] 発音
形 神聖な（≒holy，divine）

重要語

divine [diváin]
形 神の ◇ the *Divine Comedy*『神曲』（ダンテの著作）

priest [prí:st]
名 聖職者
参 bishop 司教 参 clergyman，minister 司祭

creed [krí:d]
名 信条，信念（≒belief，faith）
◇ a political creed「政治的信念」

pray [préi]
動 祈る 参 prey 餌食（同音）
⇒ **prayer** 名 祈り ◇ a prayer for peace「平和への祈り」

kneel [ní:l] 発音
動 ひざまずく ✔ 過去・過去分詞形は knelt
⇒ **knee** 名 ひざ（がしら）
参 lap（座ったときの）太ももの上側 参 elbow ひじ

必須語

intend [inténd]
動 ～を意図する
⇒ **intent** 名 意図　⇒ **intention** 名 意図
⇒ **intentional** 形 意図的な

pretend [priténd]
動 (～の)ふりをする
⇒ **pretense** 名 見せかけ

aim [éim]
動 (～を)ねらう(at)，～を向ける
名 ねらい，目的(≒purpose)
◇ aim at a target「標的をねらう」

頻出語

intent [intént]
名 意図(≒intention)　形 専念した
◇ with malicious intent「悪意を持って」
⇒ **intentional** 形 意図的な

hostile [hástl]
形 敵意ある　↔ **favorable** 好意的な
⇒ **hostility** 名 敵意　参 hospitality 歓待

insult [insʌ́lt] アク
動 ～を侮辱する　名 侮辱 [ínsʌlt]
◇ swallow an insult「侮辱を我慢する」

contempt [kəntémpt]
名 侮辱(≒scorn)
◇ be beneath contempt「侮辱に値しない」

esteem [istíːm]
名 尊重　動 ❶～を尊重する(≒value)　❷～と考える
参 self-esteem 自尊心(≒pride)

bless [blés]
動 ～を祝福する
⇒ **blessed** 形 幸運な
◇ be blessed with ～「～に恵まれている」

重要語

adore [ədɔ́ːr]
動 ❶～を(神のように)敬愛する　❷～が大好きである
◇ adore God「神を崇める」

scorn [skɔ́ːrn]
名 軽蔑，嘲笑　動 ～を軽蔑・嘲笑する
◇ think scorn of ～「～を軽蔑する」
⇒ **scornful** 形 軽蔑した

despise [dispáiz]
動 ～を軽蔑する(≒look down on)
↔ **respect** ～を尊敬する(≒look up to)
参 despite ～にもかかわらず

curse [kə́ːrs]
動 (～を)呪う　名 呪い，ののしり　↔ **blessing** 祝福
◇ be cursed with ～「～に祟られる，苦しむ」

必須語

reflect [riflékt]
動 ❶(～を)反映・反射する ❷(～を)熟考する(on)
⇒ **reflection** 名 ❶反省 ❷反射

suit [sú:t] 発音
動 ❶～に適する ❷(衣服・色が人に)似合う
✔ 人以外のものに「合う」場合は match が適切
⇒ **suitable** 形 (～に)適した(for)

conceive [kənsí:v]
動 ❶(～を)思いつく・想像する(to) ❷妊娠する
⇒ **concept** 名 概念(≒idea, notion)
⇒ **conception** 名 ❶概念 ❷妊娠

頻出語

recollect [rèkəlékt]
動 ～を思い出す(≒remember)
◇ as far as I recollect「思い出す限りでは」
⇒ **recollection** 名 思い出(≒memory)

keen [kí:n]
形 鋭い(≒sharp, acute)
◇ be keen of hearing「耳が鋭い」
◇ be keen on ～「～に熱中している」

neglect [niglékt]
動 ～を無視する(≒disregard), ～を怠る
◇ neglect to *do*「～しないでおく」
参 ignore (意図的に)無視する

fault [fɔ́:lt] 発音
名 ❶欠点(≒defect) ❷誤り, ミス
◇ find fault with ～「～を非難する, ～のあらさがしをする」

naked [néikid] 発音
形 裸の(≒nude)
◇ with the naked eye「裸眼で」
◇ naked vision「裸眼視力」

重要語

bare [béər]
形 裸の(≒naked), ありのままの, ぎりぎりの
◇ with bare hands「素手で」 ◇ the bare minimum「最小限」 ⇒ **barely** 副 かろうじて

clumsy [klʌ́mzi]
形 ぎこちない, 不器用な
◇ a clumsy apology「無様な弁解」

awkward [ɔ́:kwərd]
形 ぎこちない, 不器用な, 厄介な
◇ the awkward age「思春期」

reckless [rékləs]
形 無謀な ◇ reckless driving「無謀運転」

insane [inséin]
形 狂気の(≒mad, crazy) ↔ **sane** 正気の

必須語

overcome 動 ～を克服する(≒get over)
[òuvərkʌ́m]

severe 形 厳しい(≒hard, harsh, stern, tough)
[səvíər]
アク
◇ a severe economic climate「厳しい経済情勢」

crisis 名 危機 ✔ 複数形は crises [kráisi:z]
[kráisis]

hardship 名 苦難(≒difficulty)
[hɑ́:rdʃip]
◇ bear hardship「苦難に耐える」

頻出語

disturb 動 ～を妨害する，(～の)邪魔をする(≒bother, annoy)
[distə́:rb]
⇒ **disturbance** 名 妨害，騒動 参 nuisance 迷惑(行為)

interfere 動 (～を)妨げる(with)，(～に)干渉する(in)
[intərfíər]
◇ interfere with work「仕事に差し障る」
⇒ **interference** 名 妨害，干渉

interrupt 動 ～を妨げる
[intərʌ́pt]
⇒ **interruption** 名 中断

jealous 形 嫉妬深い ◇ be jealous of ～「～を嫉妬する」
[dʒéləs]
⇒ **jealousy** 名 嫉妬
参 zealous 熱心な

envy 名 ねたみ 動 ～をねたむ
[énvi]
◇ be in envy of ～「～をねたましく思う」
⇒ **envious** 形 ねたんで

重要語

slaughter 名 虐殺 動 ～を虐殺する，(食用として家畜)を殺す
[slɔ́:tər]

refugee 名 避難民，亡命者
[rèfjudʒí:]
アク
◇ refugee relief activities「難民救済活動」
⇒ **refuge** 名 避難 [réfju:dʒ]

harsh 形 厳しい(≒severe)
[hɑ́:rʃ]

disrupt 動 ～を混乱・中断させる
[disrʌ́pt]
◇ disrupt public transportation「公共交通機関を混乱させる」 ⇒ **disruption** 名 混乱，中断

必須語

disaster [dizǽstər]
㊔ **災害**(≒calamity, catastrophe)
◇ the victims of a natural disaster「天災の犠牲者」
⇒ **disastrous** ㊁ 悲惨な

tragedy [trǽdʒədi]
㊔ **悲劇** ↔ **comedy** 喜劇
⇒ **tragic** ㊁ 悲劇の ↔ **comic** 喜劇の, 漫画

terror [térər]
㊔ **恐怖**, テロ行為
⇒ **terrorism** ㊔ テロ行為

頻出語

threaten [θrétn]
㊍ **～を脅かす** ◇ threaten to *do*「～する恐れがある」
⇒ **threat** ㊔ 脅迫, 脅威

rescue [réskju:]
㊔ **救助** ㊍ **～を救助する**
◇ rescue *A* from *B*「*A* を *B* から救う」

shelter [ʃéltər]
㊔ **避難(所)**
㊍ 避難する ◇ shelter from the rain「雨宿りする」

famine [fǽmin]
㊔ **飢饉**
㊜ feminine 女性の

starve [stɑ́:rv]
㊍ **飢える**, ～を餓死させる
◇ be starved to death「餓死する」
⇒ **starvation** ㊔ 飢餓, 餓死

ruin [rú:in]
㊔ ❶**破壊** ❷(通例 ～s) 遺跡(≒remains)
㊍ **～を破壊する**(≒destroy)

重要語

plight [pláit]
㊔ **苦境**, 窮地
◇ the plight of the refugees「難民たちの窮状」

catastrophe [kətǽstrəfi]
㊔ **大災害**(≒disaster), 破局
◇ a global environmental catastrophe「地球規模の環境災害」

calamity [kəlǽməti]
㊔ **災難**(≒disaster)

drought [dráut] 発音
㊔ **干ばつ** ㊜ flood 洪水
◇ Drought may cause famine.「干ばつで飢饉になるかもしれない」

必須語

situation [sitʃuéiʃn]
名 状況(≒circumstances, setting)
⇒ **situated** 形 (〜に)位置している(in)

occasion [əkéiʒn] 発音
名 場合
⇒ **occasional** 形 ときどきの
⇒ **occasionally** 副 ときどき(≒sometimes)

satisfy [sǽtisfài] アク
動 〜を満足させる
◇ be satisfied with 〜「〜に満足している」
⇒ **satisfaction** 名 満足 ⇒ **satisfactory** 形 満足できる

upset [ʌpsét]
動 〜を動揺させる 形 動転した
◇ be upset with 〜「〜に取り乱す」
⇒ **upsetting** 形 動転させるような

頻出語

astonish [əstániʃ]
動 〜を驚かせる(≒surprise)
⇒ **astonishment** 名 驚き
◇ to *one's* astonishment「〜が驚いたことには」

startle [stá:rtl]
動 〜を驚かせる(≒surprise)
◇ be startled to see 〜「〜を見てびっくりする」

caution [kɔ́:ʃn]
名 注意
⇒ **cautious** 形 注意深い(≒careful)
◇ be cautious of 〜「〜に注意する」

misery [mízəri]
名 悲惨
◇ be exposed to miseries「苦難にさらされる」
⇒ **miserable** 形 みじめな

fury [fjúəri]
名 激怒 ◇ fly into a fury「激怒する」
⇒ **furious** 形 怒り狂った(≒very angry)

重要語

grim [grím]
形 恐ろしい, 厳しい
◇ retain a grim experience「恐ろしい経験を保持する」

dread [dréd]
動 〜を恐れる(≒fear) 名 恐怖
◇ dread making mistakes「ミスをするのを恐れる」
⇒ **dreadful** 形 恐ろしい, ひどい

evade [ivéid]
動 〜を逃れる, 〜を避ける
✔ ○ evade *doing* × evade to *do*

flee [flí:]
動 逃げる ✔ flee-fled-fled
⇒ **flight** 名 ❶逃走 ❷飛行

必須語

weapon [wépn]
㊔ **武器**(≒arms)
◇ conventional weapons「通常兵器」

command [kəmǽnd]
㊥ ❶ **(言語などを)自由に操る** ❷～を命令する(≒order) ㊔運用能力 ◇ command *A* to *do*「*A* に～するよう命令する」

defend [difénd]
㊥ **～を守る** ↔ **attack** 攻撃する
⇒ **defense** ㊔防御 ↔ **offense** 攻撃
⇒ **defensive** ㊢防御の ↔ **offensive** 攻撃の

aggressive [əgrésiv]
㊢ **攻撃的な**, 積極的な(≒active)
⇒ **aggression** ㊔攻撃, 侵略

頻出語

military [mílitèri]
㊢ **軍(隊)の**, 軍人の ㊔軍隊, 軍人
✔〈軍隊〉 army 陸軍 navy 海軍 air force 空軍

territory [téritɔ̀:ri]
㊔ **縄張り**, 領域

occupy [ɑ́kjəpài] アク
㊥ **～を占める**
◇ be occupied with ～「～で頭がいっぱいである」
⇒ **occupation** ㊔ ❶職業(≒profession) ❷占領

retreat [ritrí:t]
㊥ **退却する** ㊔後退

重要語

surrender [səréndər]
㊔ ❶**降伏** ❷譲渡
㊥ ❶(～に)屈する(to) ❷～を引き渡す

anarchy [ǽnərki] アク
㊔ **混乱**(≒chaos, disorder), 無政府状態
◇ descend into anarchy「混乱に陥る」
⇒ **anarchist** ㊔無政府主義者

enclose [inklóuz]
㊥ ❶**～を囲む** ❷～を同封する
㊟ disclose 開示する

invade [invéid]
㊥ **～を侵略する**, ～に侵入する(≒intrude)
⇒ **invader** ㊔侵略者
⇒ **invasion** ㊔侵略, 侵入

intrude [intrú:d]
㊥ (～を)**侵害する**, (～に)侵入する(on / upon / into)
⇒ **intrusion** ㊔侵害, 侵入

必須語

reward [riwɔ́ːrd]
㊍～に報いる　㊔報酬
⇒ **rewarding** ㊎報いのある
㊜challenging（困難だが）やりがいがある

award [əwɔ́ːrd] アク
㊔賞　㊍（賞として）～を与える
㊜prize 賞　◇ the Nobel Prize「ノーベル賞」

honor（-our） [ɑ́nər] 発音
㊔名誉
⇒ **honorable** ㊎名誉ある　↔ **infamous** 不名誉な［ínfəməs］

glory [glɔ́ːri]
㊔栄光　◇ long for glory「名誉を熱望する」
⇒ **glorious** ㊎栄光ある

頻出語

prosperity [prɑspérəti]
㊔繁栄（≒success）
⇒ **prosper** ㊍繁栄する（≒flourish）
⇒ **prosperous** ㊎繁栄している

thrive [θráiv]
㊍繁栄する，（～で）育つ（on）

flourish [flə́ːriʃ]
㊍栄える
◇ Evil often flourishes.「悪が栄えることはよくある」

collapse [kəlǽps]
㊍崩壊する
㊜corrupt 堕落した

vanish [vǽniʃ]
㊍消える（≒disappear）
◇ vanish out of sight「見えなくなる」
㊜banish ～を追放する

重要語

kingdom [kíŋdəm]
㊔王国
◇ The kingdom lasted longer than expected.「その王国は予想よりも長続きした」　㊜empire 帝国

reign [réin] 発音
㊍君臨・支配する　㊔君臨，支配
㊜govern（～を）統治・支配する　㊜rule（～を）支配する

peasant [péznt] 発音
㊔農民（≒farmer）
◇ a peasant revolt「農民一揆」

aristocracy [æristɑ́krəsi] アク
㊔貴族（政治・階級）
⇒ **aristocrat** ㊔貴族　⇒ **aristocratic** ㊎貴族の
㊜bureaucracy 官僚政治　㊜democracy 民主政治

必須語

mineral
[mínərəl]
名 **鉱物** 形 鉱物の
◇ mineral resources「鉱物資源」
⇒ **mine** 名 鉱山

eternal
[itə́ːrnl]
形 **永遠の** ↔ **temporal** 一時の
◇ ensure eternal peace「恒久平和を確かなものにする」
⇒ **eternity** 名 永遠

infinite
[ínfənit]
アク
形 **無限の** ↔ **finite** 有限の，限りある
◇ an infinite quantity「無限大」
⇒ **infinity** 名 無限

頻出語

tide
[táid]
名 **潮流**，風潮
◇ the ebbing tide「引き潮」
◇ the rising tide「上げ潮」

pour
[pɔ́ːr]
発音
動 ～を（…に）**注ぐ**（into），流れ込む
◇ a pouring rain「土砂降り」

drain
[dréin]
動 ～を**流し出す**，～を消耗させる，～を空にする 名 流失，排水溝 ◇ drain oil resources「石油資源を枯渇させる」◇ the drain of energy「エネルギーの消耗」 参 drainage 排水設備

spill
[spíl]
動 ～を**こぼす**，こぼれる
◇ spilt milk「こぼれたミルク，取り返しのつかないこと」

float
[flóut]
動 **浮かぶ** ↔ **sink** 沈む

melt
[mélt]
動 **溶ける**，～を溶かす
◇ a melting pot of races「人種のるつぼ」

重要語

soak
[sóuk]
動 ～を**浸す**
◇ be soaked to the skin「ずぶ濡れになる」

drown
[dráun]
発音
動 **おぼれ死ぬ**
◇ A drowning man will catch at a straw.「おぼれる者はわらをもつかむ」

shed
[ʃéd]
動 ～を**落とす**，～を流す
◇ shed leaves「葉を落とす」 ◇ shed tears「涙を流す」

wither
[wíðər]
動 **しおれる**，～をしおれさせる
◇ wither buds「蕾を枯らす」
◇ withered leaves「枯れ葉」

必須語

consist [kənsíst] 動 ❶(〜から)成る(of) ❷(〜に本質が)ある(in)
⇒ **consistent** 形 ❶一致した ❷首尾一貫した

medium [míːdiəm] 名 媒体，手段 ✔ 複数形は media
◇ the mass media「マスメディア」
形 中くらいの

stable [stéibl] 形 安定した ◇ a stable foundation「安定した基盤」
⇒ **stabilize** 動 〜を安定させる
⇒ **stability** 名 安定

頻出語

flexible [fléksəbl] 形 柔軟な
◇ a flexible time system「フレックスタイム制度」
⇒ **flexibility** 名 柔軟性

firm [fəːrm] 形 堅い，安定した 名 会社(≒company)

stiff [stif] 形 固い ↔ **soft** 柔らかい

dense [déns] 形 濃い
⇒ **density** 名 濃度，密度
◇ population density「人口密度」

transparent [trænspǽrənt] 形 透明な
◇ a transparent glass ceiling「透明なガラスの天井」

重要語

fragile [frǽdʒəl] 形 壊れやすい，虚弱な

intangible [intǽndʒəbl] 形 触れることのできない，実体のない
◇ an intangible damage「目に見えないダメージ」
◇ an intangible asset「無形資産」

tranquilize [trǽŋkwəlàiz] 動 〜を落ち着かせる，〜を安定させる
◇ a tranquilizing effect「鎮静効果」
⇒ **tranquilizer** 名 鎮静剤

intricate [íntrikit] アク 形 複雑な(≒complicated)
◇ an intricate plot「複雑な(話の)筋」

static [stǽtik] 形 静的な ↔ **dynamic** 動的な
◇ static electricity「静電気」

必須語

accurate [ǽkjərit] アク
形 正確な ↔ **inaccurate** 不正確な
⇒ **accuracy** 名 正確さ

random [rǽndəm]
形 **無作為の**，任意の
◇ at random「手当たり次第に」

proper [prɑ́pər]
形 ❶**適当な**(≒suitable, appropriate) ❷固有の
⇒ **property** 名 ❶財産 ❷特性

subtle [sʌ́tl] 発音
形 **微妙な**
◇ a subtle nuance「微妙なニュアンス」

頻出語

faint [féint]
形 **かすかな** 動 気を失う
参 feint 陽動作戦，フェイント(同音)

vague [véig] 発音
形 **あいまいな**
◇ be vague about the details「(人が)細部について明言しない」

obscure [əbskjúər] アク
形 ❶**あいまいな** ❷無名の
⇒ **obscurity** 名 ❶あいまいさ ❷無名

decline [dikláin]
動 ❶**～を断る**(≒refuse, reject) ❷**低下する**

fade [féid]
動 **衰える**，～を衰えさせる
◇ fade in the distance「遠くに消えていく」

重要語

blur [bləːr]
動 **～をぼやけさせる**，かすむ
⇒ **blurred** 形 ぼやけた

ambiguous [æmbígjuəs]
形 **あいまいな**(≒obscure, vague)
参 ambivalent 相反する意見・感情をもった

disregard [disrigɑ́ːrd]
動 **～を無視・軽視する**(≒ignore)
◇ disregard fundamental human rights「基本的人権を無視する」

sociology [sòusiɑ́lədʒi]
名 **社会学**
◇ major in sociology「社会学を専攻する」
参 social 社会の，社交の

必須語

wander [wándər] 発音
動 **歩き回る**
参 wonder（～に）驚く，（～を）不思議に思う［wʌ́ndər］

prompt [prámpt]
形 **素早い** 動 ～を促す 名 きっかけ
◇ be prompt to *do*「すぐに～する」（≒be quick to *do*）

rush [rʌ́ʃ]
動 **急ぐ** 参 rash 軽率な
◇ in（the）rush hours「混雑時に」

頻出語

haste [héist]
名 **急ぐこと**（≒hurry） ◇ make haste「急ぐ」 ◇ in haste「急いで」 ⇒ **hasten** 動 ～を急がせる，急ぐ［héisn］
⇒ **hasty** 形 急ぎの，軽率な

erect [irékt]
形 **直立した** 動 ～を建設する（≒build）
◇ an erect posture「直立姿勢」
参 elect ～を選ぶ

bury [béri] 発音
動 **～を埋める** 参 berry 小果実（同音）
⇒ **burial** 名 埋葬［bériəl］ 参 funeral 葬式

nod [nád]
動 **うなずく** 名 うなずき，同意
◇ nod approval to ～「～にうなずいて承認する」
◇ nod *one's* approval「同意の気持ちを表す」

重要語

lean [líːn]
動 **（～に）もたれる**（on） 形 やせた（≒thin）
◇ lean on a rail「手すりにもたれる」
◇ lean against a wall「壁に寄りかかる」

creep [kríːp]
動 **這う**，忍び寄る

drift [dríft]
動 **漂う**，流浪する
◇ the continental drift theory「大陸移動説」

swift [swíft]
形 **速い**（≒rapid，quick） ↔ **slow** 遅い
◇ swift reply「即答」

velocity [vəlásəti]
名 **速さ**（≒speed） ◇ the velocity of light「光速」

kinetic [kinétik]
形 **運動の** ◇ kinetic energy「運動エネルギー」
◇ kinetic therapy「運動療法」
参 kinesic 動作学の

必須語

repair [ripéər]
㊍ ～を修理する (≒fix, mend)

mend [ménd]
㊍ ～を直す，～を修理する (≒fix, repair)
◇ mend *one's* ways「改心する，更生する」

flat [flǽt]
㊎ パンクした，平らな ㊔ アパート
◇ a flat tire「パンクしたタイヤ」

頻出語

spare [spéər]
㊎ 予備の ㊍ (時間など)を割く
◇ spare *A B*「*A*(人)の*B*(苦労など)を省く」
◇ spare no effort〔expense〕「努力〔費用〕を惜しまない」

sweep [swíːp]
㊍ (～を)掃く
◇ sweep away ～「～を一掃する」
◇ sweep the leaves from the yard「庭の落ち葉を掃き取る」

breakdown [bréikdàun]
㊔ 故障，衰弱，破たん
◇ suffer a breakdown「神経衰弱を患う」
◇ the breakdown of morals「道徳の失墜」

fetch [fétʃ]
㊍ ～を行って取ってくる
◇ fetch *A* from *B*「*B*から*A*を取ってくる」

tidy [táidi]
㊎ きちんとした，整理された ㊍ ～を片付ける

重要語

chore [tʃɔ́ːr]
㊔ 雑用 (≒odd jobs) ◇ household chores「家事」
㊜ errand 用事

utensil [juténsl] アク
㊔ (主に台所の)器具 ◇ household utensils「家庭用品」
㊜ tool, implement, instrument 道具

preliminary [prilímənèri]
㊎ 予備の (≒preparatory)
◇ a preliminary survey「予備調査」

polish [pálíʃ]
㊍ ～を磨く
㊜ Polish ポーランドの [póuliʃ]
㊜ smooth なめらかな [smúːð]

garment [gáːrmənt]
㊔ 衣類 (≒clothes)
◇ be dressed in crude garments「粗末な服を着ている」

必須語

adjust [ədʒʌ́st]
動 〜を適合させる(≒adapt)
◇ adjust *A* to *B*「*A* を *B* に合わせる」

apply [əplái]
動 ❶〜を(…に)応用する(to) ❷(〜に)志願する(for)
⇨ **application** 名 ❶応用 ❷志願
⇨ **appliance** 名 器具 ⇨ **applicant** 名 志願者

manual [mǽnjuəl]
形 手の 名 手引き書
◇ manual labor「手仕事，肉体労働」
⇨ **manuscript** 名 原稿

necessity [nəsésəti] アク
名 必要性，必需品
⇨ **necessarily** 副 必ず ◇ not 〜 necessarily「必ずしも〜ない」 ⇨ **nécessàry** 形 必要な

頻出語

furnish [fə́ːrniʃ]
動 ❶〜に必要なものを備え付ける ❷〜を供給する
⇨ **furniture** 名 家具
✔ 不可算名詞 × a furniture ○ a piece of furniture

attach [ətǽtʃ]
動 〜を(…に)付ける(to) ↔ **detach** 〜を(…から)分離する(from) ◇ an attached file「添付ファイル」
⇨ **attachment** 名 ❶付属(品) ❷愛着

attribute [ətríbjuːt] アク
動 〜を(…の)せいにする(to) 名 性質 [ǽtribjùːt]
◇ attribute his death to a traffic accident「彼の死因を交通事故によるものとする」

distribute [distríbjuːt] アク
動 〜を(…に)配る(to)
⇨ **distribution** 名 流通
参 contribute 貢献する

dispense [dispéns]
動 ❶(〜なしで)すます(with)(≒do without) ❷〜を分配する
⇨ **dispensable** 形 なくてもすむ

重要語

mount [máunt]
動 ❶〜に取りかかる ❷〜に乗る

steer [stíər]
動 〜を運転する(≒drive)
◇ steer *A* to *B*「*A* を *B* の方に導く」

outfit [áutfit]
名 装備一式 動 〜に(…を)装備する(with)
◇ outfit *A* with *B*「*A* に *B* を取り付ける，支給する」

trail [tréil]
名 跡 動 ❶〜の跡をつける ❷〜を引きずる
参 track 跡，〜の跡を追う
参 trace 跡，〜の跡をたどる

必須語

transport 動 ～を輸送する
[trænspɔ́ːrt]
⇨ **transportation** 名 輸送
◇ public transportation「公共交通機関」

passenger 名 乗客
[pǽsindʒər]
アク
⇨ **passage** 名 ❶通行 ❷文の一節

crash 動 衝突する，墜落する
[krǽʃ]
参 clash ぶつかる 参 crush 押しつぶす
参 collision 衝突 参 impact 衝撃

頻出語

transfer 動 ～を移動させる
[trænsfə́ːr]
アク
◇ transfer *A* to *B*「*A* を *B* に移す」

depart 動 出発する (≒start)
[dipɑ́ːrt]
⇨ **departure** 名 出発 ↔ **arrival** 到着
参 department 部門 参 detach ～を派遣する

vehicle 名 乗り物，媒介物
[víːikl]
発音
◇ motor vehicles「自動車（類）」
◇ vehicle emissions「自動車の排ガス」

fare 名 運賃 ◇ a round-trip fare「往復料金」
[féər]
参 charge 料金，責任 参 fee 報酬，診察料

penalty 名 罰（金）
[pénəlti]
アク
参 fine 罰金 ◇ a parking fine「駐車違反金」

重要語

pedestrian 名 歩行者 形 歩行の
[pədéstriən]
◇ a pedestrian crossing「横断歩道」
参 veterinarian 獣医

drowsy 形 眠い，活気のない
[dráuzi]
発音
◇ drowsy driving「居眠り運転」

bump 名 衝突 動 ❶（～に）衝突する (into)
[bʌ́mp]
❷（～に）偶然会う (into)
⇨ **bumper** 名（自動車の）バンパー

collide 動（～と）衝突する (with) (≒crash)
[kəláid]
◇ collide with a car「自動車と衝突する」
⇨ **collision** 名 衝突

toll 名 ❶通行料金 ❷被害，被害者数
[tóul]
◇ a toll road「有料道路」
◇ the death toll「（事故や災害の）死者」

必須語

reserve [rizə́:rv]
動 ～を予約する
⇒ **reserved** 形 ❶予約された ❷控えめな
⇒ **reservation** 名 予約

deliver [dilívər]
動 ❶～を配達する ❷～を産む
⇒ **delivery** 名 ❶配達 ❷出産
◇ a difficult delivery「難産」

stock [sták]
名 ❶蓄え ❷株式 動 ～を蓄える(≒store)
◇ dispose of stock「在庫を処分する」

customer [kʌ́stəmər]
名 (店の)顧客
✔〈客〉 guest (家庭やホテルの)客 client (専門家への)客

頻出語

purchase [pə́:rtʃəs] 発音
動 ～を購入する(≒buy) 名 購入
◇ purchase goods electronically「電子商取引で商品を購入する」

bill [bíl]
名 ❶(代金の)請求書，勘定 ❷法案
◇ pay a bill for $100「100 ドルの勘定を払う」

rent [rént]
動 ❶～を賃借りする ❷～を賃貸しする(≒hire)
名 賃貸料

grocery [gróusəri]
名 食料品店
✔ 複数形 groceries は「食料品」の意味。
◇ run a grocery「食料品店を経営する」

demonstrate [démənstrèit] アク
動 ～をはっきり示す
⇒ **demonstration** 名 実証，実演

重要語

article [ɑ́:rtikl]
名 ❶品物 ❷項目 ❸記事
参 column(新聞などの)縦の欄

commodity [kəmɑ́dəti]
名 商品，日用品(≒goods)
◇ prices of commodities「物価」

luxury [lʌ́kʃəri] 発音
名 ぜいたく(品) 形 ぜいたくな
◇ a luxury brand「高級ブランド」
⇒ **luxurious** 形 ぜいたくな

enchant [intʃǽnt]
動 ～を魅了する(≒charm)
◇ be enchanted with ～「～にうっとりする」

必須語

precise [prisáis] 発音
形 正確な(≒exact, accurate)
⇒ **precision** 名 正確さ ◇ with precision「正確に」
⇒ **precisely** 副 正確に

reverse [rivə́ːrs]
動 ～を逆にする 形 逆の 名 逆
◇ in reverse「逆に」
⇒ **reversible** 形 逆にできる

頻出語

cling [klíŋ]
動 (～に)くっつく, (～に)執着する(to)
◇ He clings to the TV.「彼はテレビにかじりついて夢中だ」

liable [láiəbl]
形 ❶(～し)がちな(to *do*) ❷(～に対して)責任がある(for)
⇒ **liability** 名 ❶傾向 ❷(法的)責任

bound [báund]
形 ❶(～する)義務がある(to *do*)
❷(列車などが～)行きの(for)
名 (通例 ～s)境界(≒boundary) 動 跳ねる

inclined [inkláind]
形 (～する)傾向のある(to *do*)
⇒ **inclination** 名 傾向(≒tendency)

stick [stík]
動 ❶～をくっつける, くっつく ❷(～に)こだわる(to)
◇ stick to a nutritionally sound diet
「栄養的にちゃんとした食事にこだわる」

重要語

vacant [véikənt]
形 空いている ◇ a vacant seat「空席」
⇒ **vacancy** 名 空き, 欠員

void [vɔ́id]
形 欠けた(≒devoid), うつろな(≒empty)
名 空洞(≒hollow) ◇ be void of meaning「意味がない」
◇ fill the void「すき間を埋める」

devoid [divɔ́id]
形 欠けている(≒lacking, short, void)
◇ be devoid of common sense「常識が欠けている」

cohesion [kouhíːʒn]
名 結合, 粘着
◇ lack of cohesion among countries「国家間の結束の欠如」
⇒ **cohesive** 形 団結した, 粘着性の

adhere [ədhíər]
動 ❶(～に)付着する(to) ❷(～に)固執する(to)
◇ adhere to an ideal「理想に固執する」
参 cohere 首尾一貫する, 密着する

competent [kɑ́mpitənt]
形 能力のある ◇ be competent to *do*「～することができる, ～する権利がある」
⇒ **competence** 名 能力(≒ability)

GOAL!!

さくいん

00（太字）：見出し語

A

B

T

U